BULLETIN

DE

L'Association Littéraire et Artistique

INTERNATIONALE

Fondée sous la Présidence d'honneur de **VICTOR HUGO**

COMPOSITION DU BUREAU

(Session 1889-1890)

Deuxième Série — N° 13 — Février 1890

DEUXIÈME CONFÉRENCE INTERNATIONALE

Pour la protection des œuvres littéraires et artistiques

BERNE, 5-9 OCTOBRE 1889

LISTE DES DÉLÉGUÉS

Allemagne

MM. CARL W. BATZ. — Représentant du *Deutscher Schriftsteller Verband*.

Angleterre

EDOUARD CLUNET. — Association for the Reform and Codification of the Law of Nations.

Belgique

LOUIS CATTREUX. — Société des Auteurs et Compositeurs lyriques belges.

Espagne

Comte DE ALMINA. — Société des Écrivains et Artistes espagnols.

France

EUGÈNE POUILLET, Président de l'Association littéraire et artistique internationale.

JULES LERMINA, Secrétaire perpétuel de l'Association littéraire et artistique internationale.

HENRI LÉVÊQUE, Agent général de l'Association littéraire et artistique internationale.

EMILE JONAS. — Société des Auteurs et Compositeurs dramatiques.

ARMAND D'ARTOIS. — Société des Auteurs et Compositeurs dramatiques.

GRENET-DANCOURT. — Société des Auteurs, Compositeurs et Éditeurs de musique.

VICTOR SOUCHON. — Société des Auteurs, Compositeurs et Éditeurs de musique.

LÉON GRUS. — Syndicat des Éditeurs de musique.

LE BAILLY. — Association des Éditeurs.

A. DARRAS. — Société de législation comparée.

A. CHAUMAT. — Société de législation comparée.

M. DAVRIGNY. — Société des Artistes indépendants.

BULLOZ, de la maison A. BRAUN et Cie. — Photographies d'art.

EUGÈNE MARBEAU. — Société des études historiques.

FRÉDÉRIC METTETAL. — Société des études historiques.

A. WEBER. — Société des Amis des Arts de Seine-et-Marne.

Italie

GIUSEPPE GIACOSA. — Société italienne des Auteurs.

H. ROSMINI. — Société italienne des Auteurs.

CAMPI. — Société italienne des Auteurs.

Suisse

ALEX. REICHEL, avocat. — Section de législation de la Société des Auteurs et Compositeurs de musique.

FR. DE STOUTZ, avocat. — Section de législation de la Société des Auteurs et Compositeurs de musique.

C. ECUYER. — Société des Gens de lettres de la Suisse romande.

J. CUTTAT. — Société des Gens de lettres de la Suisse romande.

CHARLES MOREL, remplacé par M. PAUL PICTET. — Association de la presse.

STEPHAN BORN, remplacé par M. Dr M. BUHLER. — Association de la presse.

HENRI MOREL. — Bureau International.

B. FREY-GODET. — Bureau International.

ERNEST ROETHLISBERGER. — Bureau International.

DEUXIÈME CONFÉRENCE INTERNATIONALE

BERNE 1889.

ORDRE DU JOUR

1º De l'utililité des Conventions internationales et de la nécessité de leur maintien;

2º De la suppression, dans les Etats de l'Union, de la caution *judicatum solvi*, en matière littéraire et artistique;

3º De l'extension du mot *éditeur* (employé dans l'article 3) à l'entrepreneur de représentations dramatiques;

4º Examen de l'article 2, au point de vue de la disperse de l'accomplissement de toutes formalités, dans les pays de l'Union, autres que celles exigées dans le pays d'origine;

5º De la signification de l'article 4, au point de vue de l'énumération des œuvres littéraires et artistiques, et particulièrement interprétation du mot *enfin* qui commence le dernier membre de phrase;

6º Le droit de traduction imparti à l'auteur sera de dix ans, et, s'il en a usé dans ce délai, ce droit sera assimilé à celui qu'il a sur son œuvre originale;

7º De la reproduction en matière de journalisme;

8º De la suppression des réserves exigées sur les œuvres musicales (article 9, paragraphe 3);

9º Définition du mot *adaptation* appliqué aux œuvres dramatiques;

10º Formalités à remplir pour la revendication du droit d'auteur, en matière de représentations dramatiques;

11º (Art. 12.) Toute œuvre contrefaite est saisissable dans le pays où la contrefaçon a été commise, alors même que ladite œuvre contrefaite serait destinée à un pays où la propriété artistique et littéraire n'est pas protégée;

12º (Art. 14). Rétroactivité. — Examen de son application en Angleterre;

13º Propriété artistique; du droit de reproduction; de la signature et des marques d'auteur; des droits de l'Etat acheteur;

14º De la protection de la photographie;

15º Art. 3 du protocole. — Reproduction des œuvres musicales par les procédés mécaniques;

16º Du maintien dans le droit commun des délits en matière de contrefaçon littéraire ou artistique;

17º De l'impossibilité, dans bien des cas, de produire le certificat exigé par l'article 11, paragraphe 3.

SÉANCE D'INAUGURATION

Samedi 5 octobre 1889

Présidence de M. NUMA DROZ

La séance est ouverte à midi, dans la Salle du Conseil Fédéral.
Sont présents : MM. le comte de Almina, Armand d'Artois, Carl-W.
Batz, Stephan Born, L. Cattreux, J. Cuttat, A. Darras, Davrigny,
C. Ecuyer, B. Frey-Godet, Giuseppe Giacosa, Grenet-Dancourt,
Léon Grus, Emile Jonas, Jules Lermina, Henri Levêque, Eugène
Marbeau, Frédéric Mettetal, Charles Morel, Henri Morel, Eugène
Pouillet, Alex. Reichel, Ernest Rœthlisberger, Victor Souchon,
Fr. de Stoutz, A. Weber.

M. NUMA DROZ prononce le discours suivant :

Messieurs,

Vous m'avez fait l'honneur de m'inviter à présider votre conférence.
Je n'ai pas cru devoir m'y refuser, tant pour témoigner du vif intérêt que
je prends à vos travaux que parce que j'y trouve l'occasion de justifier
une fois pratiquement le titre de président perpétuel que l'Association
littéraire et artistique internationale a bien voulu me conférer.

C'est dans cette même salle, il y a six ans, que, sur la libre initiative
d'une réunion comme celle-ci, a été discuté le programme d'une convention internationale pour la protection des droits d'auteur. Ce programme,
présenté sous forme de vœux au Conseil fédéral suisse et transmis par
lui aux autres gouvernements du monde civilisé, a servi de point de
départ à l'Union, qui groupe aujourd'hui en une vaste confédération
pour la protection des œuvres littéraires et artistiques l'Allemagne, la
Belgique, l'Espagne, la France, la Grande-Bretagne, Haïti, l'Italie, le
Luxembourg, Monaco, la Suisse et la Tunisie, avec une population
totale, y compris les colonies, de cinq cents millions d'âmes, en attendant
les autres conquêtes que l'avenir nous réserve certainement. C'est également dans cette salle qu'en 1884 et 1885 ont eu lieu les laborieuses séances des conférences officielles qui ont mené à bonne fin, à force d'esprit
d'entente et de concessions réciproques, cette convention fondamentale
qui, à l'époque de votre première réunion, paraissait n'être qu'un beau
rêve d'une réalisation encore lointaine. C'est dans cette salle qu'en 1886
fut signé l'acte diplomatique qui place à Berne le siège du Bureau international chargé de servir de lien entre les Etats de l'Union et de tra-
vailler au perfectionnement de l'œuvre commune.

Ces souvenirs, Messieurs, sont bons à rappeler, aujourd'hui que,
fidèles à la pensée qui nous animait en 1883, aux liens d'amitié que
nous avons contractés alors, vous nous faites le plaisir et l'honneur de
revenir au berceau qui a vu naître, grandir et prospérer l'enfant que
vous avez confié à nos soins. Mais, si nous pouvons nous féliciter à bon
droit de sa belle venue, nous ne sommes cependant pas aveugles au
point de ne pas nous rendre compte des qualités qu'il lui reste à
acquérir. C'est pour vous occuper de son développement, c'est pour discuter, à titre d'association privée, les vœux à soumettre à la sollicitude
de ses parrains officiels que vous vous êtes de nouveau donné rendez-
vous ici. Non seulement vous avez le droit d'en émettre aussi bien que
n'importe quel groupe d'intéressés, mais vous pouvez aussi compter sur
l'examen bienveillant des nouvelles propositions que vous aurez à
présenter.

Vous me permettrez toutefois de joindre à cette assurance une recommandation, je n'ose dire un conseil. Il est dans la nature des choses que, vous plaçant en face de votre idéal, vous désiriez voir orner votre œuvre, le plus tôt possible, de toutes les qualités qui, à vos yeux, lui manquent encore. Mais je vous prie de ne pas perdre de vue que les défauts que vous relevez en elle sont considérés par d'autres comme des avantages. En voulant procéder avec impatience, on risquerait de priver l'œuvre de quelques-uns de ses meilleurs soutiens. Par une disposition, très sage à mon avis, la Convention prévoit qu'aucun changement ne sera valable pour l'Union que moyennant l'assentiment unanime des pays qui la composent. On a voulu par là donner aux Etats pour lesquels la Convention consacre le maximum des progrès actuellement réalisables chez eux, une garantie contre le courant trop hâtif dans lequel chercheraient à les entraîner les Etats plus avancés. Il faut donc que les perfectionnements à apporter à l'Union, considérée dans son ensemble, résultent de la persuasion générale. C'est votre tâche à vous, Messieurs, et à tous les pionniers du droit d'auteur dans les divers pays, de faire pénétrer dans la conscience publique, puis dans les législations nationales, les notions qui vous paraissent à la fois justes, pratiques et mûres pour chaque Etat.

Ce chemin est sans doute plus long qu'une revision pure et simple de la Convention, mais c'est le seul qui conduise sûrement au but. Au reste, la Convention elle-même permet aux pays avancés de conclure entre eux des Unions restreintes dont peuvent faire partie tous ceux qui sont d'accord sur un même principe : par exemple, la durée illimitée du droit de traduction. En faisant usage de cette faculté, ils prêcheront d'exemple, leur nombre s'accroîtra et finira par embrasser la totalité des pays de l'Union, sans qu'on ait eu besoin de toucher au pacte fondamental. Agir autrement, c'est-à-dire vouloir imposer aux Etats retardataires des principes à la hauteur desquels ils ne sont pas encore arrivés, ce serait les faire retomber, à la joie des adversaires de l'Union, dans l'état de piraterie dont elle les a fait sortir à grand'peine ; ce serait empêcher l'accession d'autres Etats qui sont sur le point de venir à nous ; ce serait aller à fin contraire des intérêts que vous cherchez à sauvegarder, non point dans les pays où la législation répond déjà à vos vues, mais précisément dans les autres.

Donc, Messieurs, continuez à jalonner par vos vœux la route que la législation intérieure et internationale doit suivre. Mais ne précipitez aucune solution et sachez attendre du temps la récompense de vos efforts.

En saluant aujourd'hui cette réunion d'hommes distingués qui, d'Allemagne, d'Angleterre, de Belgique, d'Espagne, de France, d'Italie et de Suisse, sont venus discuter, au point de vue des gens de lettres, des auteurs dramatiques, des compositeurs de musique, des peintres et sculpteurs, aussi bien que de la science juridique, les intéressants problèmes qui figurent à votre ordre du jour, permettez-moi de déplorer l'absence de plusieurs des hommes éminents dont le concours nous avait été si précieux dans nos précédentes conférences : de Louis Ulbach, le regretté Président de l'Association littéraire et artistique internationale dont il était l'âme et l'interprète éloquent ; de Sir Francis Adam, le diplomate expérimenté si profondément attaché à notre œuvre, auquel nous devons en grande partie l'adhésion de l'Angleterre à l'union internationale ; de M. Torrès Caïcedo, l'ancien ministre plénipotentiaire de la République du Salvador qui fut l'initiateur des conférences de 1883 ; de Blanchard-Jerrold, qui a été dans ce même pays l'un des premiers vulgarisateurs de nos idées. Je ne veux parler ici nominalement que de ceux que la mort nous a enlevés depuis 1883, mais j'adresse aussi un souvenir sympathique à tous ceux qui pendant plusieurs années ont travaillé à la réalisation de notre programme, et je me réjouis en particulier d'y revoir bon nombre de ceux avec lesquels nous avons, en 1883, jeté les bases de la Convention actuelle, en même temps que j'adresse un cordial souhait de bienvenue aux précieux renforts dont nous constatons la présence.

Messieurs, la Suisse est heureuse de pouvoir vous offrir de nouveau son hospitalité, et je suis chargé par le Conseil fédéral d'exprimer l'espoir que les jours trop rapides que vous passerez au milieu de nous laisseront dans vos cœurs un souvenir agréable.

Les paroles de l'honorable président sont couvertes par les applaudissements unanimes de l'assemblée.

M. POUILLET répond dans les termes suivants :

Messieurs,

Il appartient au Président de l'Association littéraire et artistique internationale de remercier M. le Conseiller fédéral Droz et de saluer dans sa personne le gouvernement helvétique, auquel nous devons une si vive reconnaissance. C'est à l'Association littéraire internationale, M. Droz a bien voulu le rappeler, que revient incontestablement l'honneur d'avoir provoqué le mouvement d'opinion d'où est sortie la Convention de Berne ; elle l'avait préparée par ses congrès, et c'est sur son initiative privée que s'assembla ici même, en 1883, une réunion de délégués de diverses sociétés littéraires, appartenant à tous les pays, dans le but un peu ambitieux de rédiger un projet de convention universelle.

M. Droz me permettra de rappeler la façon magistrale avec laquelle il présida nos débats, les observations pleines de justesse qu'il présenta dans la discussion, et surtout la sagesse avec laquelle il modéra de temps en temps nos ardeurs qui, en nous entraînant du premier coup trop loin, risquaient de compromettre notre œuvre. Vous savez comment ce premier projet, étudié et transformé par le gouvernement suisse, devint la base de la convention définitive, signée à Berne en 1886. Que M. Droz, qui est, on peut le dire, le véritable auteur de la Convention, reçoive ici l'expression de notre profonde gratitude. (Applaudissements.)

Mais il vous l'a dit lui-même, tout n'est pas fini : ceux-là mêmes qui ont fait la Convention l'ont déclarée perfectible ; ils ont même à l'avance indiqué les époques où elle pourrait être revue et, s'il est nécessaire, corrigée. L'Association littéraire internationale a donc poursuivi son œuvre ; elle a provoqué de nouveaux congrès qui se sont occupés de rechercher et de préciser les améliorations qu'il pourrait être utile d'apporter à la Convention. Et c'est alors que nous est venue la pensée de recommencer en 1889 ce qui nous a si bien réussi en 1883 ; nous avons songé à réunir, en assemblée privée, des délégués des diverses nations dans le but d'étudier les modifications dont la Convention est susceptible. Pour réussir, il nous fallait de nouveau obtenir le bienveillant appui de la Suisse. Nous nous sommes adressés à M. le Conseiller fédéral Droz et il a bien voulu accepter de présider notre réunion. Dans ce fier pays de la Suisse, toute idée généreuse, toute idée de droit, de progrès, de justice, trouve immédiatement un écho.

Mettons-nous donc à l'œuvre ; seulement, comme nous le disait tout-à-l'heure M. Droz, défions-nous de notre idéal ; faisons-en, momentanément du moins, le sacrifice ; attachons-nous à n'indiquer à la prochaine conférence diplomatique que des réformes qui soient susceptibles de passer immédiatement dans le domaine de la pratique internationale. Je me souviens des paroles que prononçait déjà M. Droz en 1883 et qui se sont gravées dans mon esprit : « Les solutions que l'avenir tient en « réserve, disait-il, veulent être doucement sollicitées et amenées ; il ne « sert à rien de les faire éclore avant que leur heure ne soit venue. » Ces paroles doivent être comme la préface de nos travaux.

Messieurs, je serais un ingrat si, en terminant, je ne saluais pas à mon tour d'une larme et d'un regret la place qu'a laissée vide la mort de notre pauvre et cher Ulbach. Lui aussi, il avait fait sa vie de la revendication du droit des auteurs. Il avait directement participé à la Convention comme délégué de la France aux conférences de 1884 et de 1885. Nul ne s'était plus réjoui que lui de la signature de la Convention ; nul n'en poursuivait avec plus d'ardeur l'amélioration progressive. Et le voilà mort, le voilà disparu. Mais si les hommes passent, l'humanité demeure. Les idées qui, comme la nôtre, tendent au rapprochement des peuples, et par conséquent à la pacification universelle, appartiennent non aux hommes, mais à l'humanité.

Mettons-nous donc à l'œuvre avec confiance ; ce que nous aurons commencé, nos successeurs, soyons en certain, l'achèveront. (*Applaudissements.*)

M. LE PRÉSIDENT NUMA DROZ propose à l'Assemblée de procéder à la nomination du bureau, qui est constitué de la manière suivante :

PRÉSIDENT : M. Numa Droz.
VICE-PRÉSIDENTS : MM. Jules Lermina.
Carl W. Batz.
Giuseppe Giacosa.
SECRÉTAIRES : Louis Cattreux.
Henri Levêque.

M. le Président donne lecture des délégations faites à la conférence.

MM. Edouard Clunet, retenu à Paris par une indisposition, Félice Carotti à Florence, A. d'Orelli à Zurich, s'excusent de ne pouvoir participer aux travaux de la conférence.

Sur la proposition de M. Jules Lermina, l'assemblée décide de tenir sa deuxième séance à quatre heures.

La séance est levée à une heure.

DEUXIÈME SÉANCE

Samedi 5 octobre 1889

Présidence de M. NUMA DROZ

Sont présents : MM. le comte de Almina, Armand d'Artois, Car W. Batz, Stephan Born, Louis Cattreux, J. Cuttat, A. Darras, Davrigny, C. Ecuyer, B. Frey-Godet, Giuseppe Giacosa, Grenet-Dancourt, Léon Grus, Emile Jonas, Jules Lermina, Henri Levêque, Eugène Marbeau, Frédéric Mettetal, Charles Morel, Henri Morel, Eugène Pouillet, Alexandre Reichel, Ernest Rœthlisberger, Victor Souchon, Fr. de Stoutz, A. Weber.

M. le PRÉSIDENT annonce que le Conseil fédéral invitera les

membres de la conférence à une excursion qui aura lieu le mercredi 9 courant.

M. Jonas répond au nom de l'assemblée que tous les membres acceptent avec empressement la gracieuse invitation qui leur est faite.

L'ordre du jour appelle la *discussion générale de la Convention de Berne.*

M. Pouillet propose de placer en tête de la discussion la question préalable de l'utilité de maintenir les conventions littéraires internationales, d'y joindre la question de la suppression de la caution *judicatum solvi*, et, après l'examen de ces deux premiers points, d'entrer dans la discussion de la Convention de Berne de 1886.

M. Cattreux se joint à M. Pouillet pour obtenir cet ordre de discussion, qui est destiné à faciliter les débats.

MM. Souchon et Lermina appuient également cette proposition.

M. Henri Morel, sans s'opposer à la proposition, demande s'il ne serait pas désirable de discuter en même temps la question des unions restreintes.

M. Pouillet objecte que cette question ne peut venir en ordre utile que lorsque les premières questions auront été élucidées.

M. Jonas signale que la commission des auteurs dramatiques a chargé ses délégués de réclamer l'émission d'un vœu en faveur de l'unification de toutes les législations; il craint que la proposition de M. Cattreux tendant au maintien des conventions existantes ne soit en contradiction avec ce vœu.

M. Cattreux répond que le maintien des conventions, c'est l'unification immédiate de toutes les conventions par l'application de la clause de la nation la plus favorisée; c'est une première étape vers l'idéal de tous les Congrès littéraires et artistiques, qui est l'unification générale de toutes les législations.

La Conférence décide de mettre en tête de son ordre du jour la question de l'utilité du maintien des conventions internationales.

Sur la proposition de M. Pouillet, l'assemblée décide de mettre ensuite à l'ordre du jour la question de la suppression de la caution *judicatum solvi*.

M. Pouillet propose de lire le texte de la Convention de Berne pour recevoir les observations et propositions auxquelles les divers articles peuvent donner lieu.

Adopté.

« Article premier. — *Les pays contractants sont constitués à l'état « d'Union pour la protection des droits des auteurs sur leurs œuvres litté- « raires et artistiques.* »

« Art. 2. — *Les auteurs ressortissant à l'un des pays de l'Union, ou leurs « ayants cause, jouissent, dans les autres pays, pour leurs œuvres, soit pu- « bliées dans un de ces pays, soit non publiées, des droits que les lois respec- « tives accordent actuellement ou accorderont par la suite aux nationaux.*

« *La jouissance de ces droits est subordonnée à l'accomplissement des con- « ditions et formalités prescrites par la législation du pays d'origine de*

« *l'œuvre; elle ne peut excéder, dans les autres pays, la durée de la protec-*
« *tion accordée dans ledit pays d'origine.*

« *Est considéré comme pays d'origine de l'œuvre celui de la première pu-*
« *blication, ou, si cette publication a lieu simultanément dans plusieurs pays*
« *de l'Union, celui d'entre eux dont la législation accorde la durée de pro-*
« *tection la plus courte.*

« *Pour les œuvres non publiées, le pays auquel appartient l'auteur est*
« *considéré comme pays d'origine de l'œuvre.* »

« ART. 3. — *Les stipulations de la présente Convention s'appliquent égale-*
« *ment aux éditeurs d'œuvres littéraires ou artistiques publiées dans un des*
« *pays de l'Union, et dont l'auteur appartient à un pays qui n'en fait pas*
« *partie.* »

A l'article 3, M. POUILLET demande qu'interprétant cet article de
la Convention de Berne la Conférence déclare que, par le mot
éditeur, il faut entendre non seulement l'éditeur qui imprime,
mais aussi l'éditeur qui représente ou fait représenter une œuvre.
Telle était la pensée des auteurs de la Convention. M. Lavollée
notamment, délégué français, s'en est expliqué de la façon la plus
catégorique dans les travaux préparatoires.

M. D'ARTOIS fait remarquer que l'édition d'une œuvre dramatique, c'est sa représentation.

M. le Président NUMA DROZ ajoute qu'il ne peut y avoir eu de
doute dans l'esprit des auteurs de la Convention, et que c'est bien
l'interprétation demandée par M. Pouillet qui doit être admise.

M. GIACOSA demande que l'assemblée se prononce formellement
sur ce point, parce que, d'après la loi italienne, on fait naître le
droit de l'auteur à partir de l'impression proprement dite des
œuvres dramatiques; ces dernières étant susceptibles de la reproduction par l'édition et, plus encore, par la représentation, il convient de bien préciser qu'il ne peut y avoir de distinction entre ces
deux modes de reproduction au point de vue du droit absolu de
l'auteur sur son œuvre.

La question présentée par M. Pouillet est portée à l'ordre du jour.

M. CATTREUX propose de soumettre à la Conférence la question
de la nécessité de maintenir les délits de contrefaçon littéraire et
artistique dans le droit commun, afin de conserver la poursuite
d'office et de ne pas subordonner les poursuites éventuelles à la
plainte « de la personne lésée ».

M. POUILLET voudrait que cette question ne fût pas soulevée; il
craint qu'elle n'éveille des difficultés de la part de certains Etats
contractants.

M. le Président NUMA DROZ estime que cette question pourrait
parfaitement se rattacher à l'article 12 de la Convention, et qu'il
convient d'admettre d'une façon large toutes les questions qui
peuvent être présentées. La discussion s'établira et éclairera la
Conférence.

La proposition est admise.

M. HENRI MOREL demande à revenir sur l'article 2 et propose
d'examiner, à l'occasion de cet article, l'interdiction de prescrire
des formalités autres que celles du pays d'origine; il signale

qu'en Italie on exige un dépôt en même temps qu'une déclaration demandant la protection légale.

La proposition est adoptée.

M. D'ARTOIS fait connaître que la commission des auteurs dramatiques a chargé ses délégués de demander la suppression de toute formalité et spécialement pour les œuvres dramatiques en manuscrit.

« ART. 4. — *L'expression « œuvres littéraires et artistiques » comprend* « *les livres, brochures ou tous autres écrits, les œuvres dramatiques ou* « *dramatico-musicales, les compositions musicales avec ou sans paroles, les* « *œuvres de dessin, de peinture, de sculpture, de gravure, les lithographies,* « *les illustrations, les cartes géographiques, les plans, croquis et ouvrages* « *plastiques, relatifs à la géographie, à la topographie, à l'architecture ou* « *aux sciences en général, enfin, toute production quelconque du domaine* « *littéraire, scientifique ou artistique, qui pourrait être publiée par n'im-* « *porte quel mode d'impression ou de reproduction.* »

Après un échange d'observations entre plusieurs membres, M. le président NUMA DROZ déclare que le sens qui a été donné à l'article 4, spécialement au mot *enfin*, lequel a été reproduit par les mots *en somme*, n'est pas celui des auteurs de la Convention ; il pense que l'interprétation aurait dû être plus large que celle appliquée en Angleterre.

« ART. 5. — *Les auteurs ressortissant à l'un des pays de l'Union, ou leurs* « *ayants cause, jouissent, dans les autres pays, du droit exclusif de faire* « *ou d'autoriser la traduction de leurs ouvrages jusqu'à l'expiration de dix* « *années à partir de la publication de l'œuvre originale dans l'un des pays* « *de l'Union.*

« *Pour les ouvrages publiés par livraisons, le délai de dix années ne* « *compte qu'à dater de la publication de la dernière livraison de l'œuvre* « *originale.*

« *Pour les œuvres composées de plusieurs volumes publiés par intervalles* a ainsi que pour les bulletins ou cahiers publiés par des sociétés littéraires « *ou savantes ou par des particuliers, chaque volume, bulletin ou cahier est.* « *en ce qui concerne le délai de dix années, considéré comme ouvrage sé-* « *paré.*

« *Dans les cas prévus au présent article, est admis comme date de publi-* « *cation, pour le calcul des délais de protection, le 31 décembre de l'année* « *dans laquelle l'ouvrage a été publié.* »

A l'article 5, M. POUILLET propose de reproduire la rédaction de l'avant-projet suisse qui portait le droit de traduction à dix ans, avec cette adjonction que, si l'auteur en usait dans ce délai, son droit était assimilé à la durée qu'il possède sur l'œuvre originale.

Après une observation de M. NUMA DROZ, M. POUILLET fait remarquer que sa proposition est une étape vers le droit absolu de traduction.

La proposition est admise.

A l'occasion de l'article 5, M. BORN fait observer que toutes les prescriptions des lois et conventions ne paraissent avoir d'autre but que des intérêts mercantiles ; il signale que les auteurs français se préoccupent peu du point de savoir comment sont faites leurs traductions et qu'ils n'ont d'autre souci que celui de l'intérêt matériel. C'est l'industrialisme qui déborde au détriment des considérations artistiques.

M. CATTREUX répond que l'auteur est seul juge des conditions qu'il doit imposer pour la traduction de ses œuvres; que, si des abus ont pu se commettre dans certains pays, il peut donner l'assurance à son contradicteur que toujours les auteurs français se sont préoccupés de la valeur littéraire et du mérite des traductions et qu'ils ont créé des Sociétés ayant pour but de sauvegarder leurs intérêts littéraires autant que leurs intérêts matériels.

M. GRENET-DANCOURT signale que l'on attribue dans certains cas aux auteurs des traductions auxquelles ils sont absolument restés étrangers; que dans beaucoup de pays on s'empare des œuvres françaises sans scrupule et qu'on les traduit sans aucun souci ni du droit ni de l'intérêt des auteurs.

M. DAVRIGNY demande que la conférence s'occupe d'une façon explicite des intérêts des peintres, sculpteurs, dessinateurs et graveurs; il voudrait une disposition formelle dans ce sens.

M. le Président NUMA DROZ lui fait observer que sa proposition rentre dans le cadre de celles qui se rapportent à l'article 4.

« ART. 6. — Les traductions licites sont protégées comme des ouvrages
« originaux. Elles jouissent, en conséquence, de la protection stipulée aux
« articles 2 et 3 en ce qui concerne leur reproduction non autorisée dans les
« pays de l'Union

« Il est entendu que, s'il s'agit d'une œuvre pour laquelle le droit de tra-
« duction est dans le domaine public, le traducteur ne peut pas s'opposer à
« ce que la même œuvre soit traduite par d'autres écrivains. »

« ART. 7. — Les articles de journaux ou de recueils périodiques publiés
« dans l'un des pays de l'Union peuvent être reproduits, en original ou en
« traduction, dans les autres pays de l'Union, à moins que les auteurs ou
« éditeurs ne l'aient expressément interdit. Pour les recueils, il peut suffire
« que l'interdiction soit faite d'une manière générale en tête de chaque nu-
« méro du recueil.

« En aucun cas, cette interdiction ne peut s'appliquer aux articles de dis-
« cussion politique ou à la reproduction des nouvelles du jour et des faits
« divers. »

« ART. 8. — En ce qui concerne la faculté de faire licitement des em-
« prunts à des œuvres littéraires ou artistiques pour des publications desti-
« nées à l'enseignement ou ayant un caractère scientifique, ou pour des
« chrestomathies, est réservé l'effet de la législation des pays de l'Union et
« des arrangements particuliers existants ou à conclure entre eux. »

« ART. 9. — Les stipulations de l'article 2 s'appliquent à la représenta-
« tion publique des œuvres dramatiques ou dramatico-musicales, que ces
« œuvres soient publiées ou non.

« Les auteurs d'œuvres dramatiques ou dramatico-musicales, ou leurs
« ayants cause, sont, pendant la durée de leur droit exclusif de traduction,
« réciproquement protégés contre la représentation publique non autorisée de
« la traduction de leurs ouvrages.

« Les stipulations de l'article 2 s'appliquent également à l'exécution pu-
« blique des œuvres musicales non publiées ou de celles qui ont été publiées,
« mais dont l'auteur a expressément déclaré, sur le titre ou en tête de l'ou-
« vrage, qu'il en interdit l'exécution publique. »

A l'article 9, M. Souchon demande la mise à l'ordre du jour de la suppression formelle du dernier alinéa relatif aux réserves à mettre en tête des ouvrages musicaux, afin d'éviter ainsi l'application restrictive qui a été faite en Angleterre.

Adopté.

« Art. 10. — *Sont spécialement comprises parmi les reproductions illicites*
« *auxquelles s'applique la présente Convention, les appropriations indirectes*
« *non autorisées d'un ouvrage littéraire ou artistique, désignées sous des*
« *noms divers, tels que :* adaptations, arrangements de musique, etc., *lors-*
« *qu'elles ne sont que la reproduction d'un tel ouvrage, dans la même forme*
« *ou sous une autre forme, avec des changements, additions ou retranche-*
« *ments, non essentiels, sans présenter d'ailleurs le caractère d'une nouvelle*
« *œuvre originale.*

« *Il est entendu que, dans l'application du présent article, les tribunaux*
« *des divers pays de l'Union tiendront compte, s'il y a lieu, des réserves de*
« *leurs lois respectives.* »

« Art. 11. — *Pour que les auteurs des ouvrages protégés par la présente*
« *Convention soient, jusqu'à preuve contraire, considérés comme tels et ad-*
« *mis, en conséquence, devant les tribunaux des divers pays de l'Union à*
« *exercer des poursuites contre les contrefaçons, il suffit que leur nom soit*
« *indiqué sur l'ouvrage en la manière usitée.*

« *Pour les œuvres anonymes ou pseudonymes, l'éditeur dont le nom est*
« *indiqué sur l'ouvrage est fondé à sauvegarder les droits appartenant à*
« *l'auteur. Il est, sans autres preuves, réputé ayant cause de l'auteur ano-*
« *nyme ou pseudonyme.*

« *Il est entendu, toutefois, que les tribunaux peuvent exiger, le cas*
« *échéant, la production d'un certificat délivré par l'autorité compétente,*
« *constatant que les formalités prescrites, dans le sens de l'article 2, par la*
« *législation du pays d'origine, ont été remplies.* »

A l'article 11, M. Souchon fait observer que dans bien des cas il est impossible de produire le certificat exigé par le paragraphe 3.

Il demande que cette question soit admise.

Adopté.

« Art. 12. — *Toute œuvre contrefaite peut être saisie à l'importation dans*
« *ceux des pays de l'Union où l'œuvre originale a droit à la protection lé-*
« *gale.*

« *La saisie a lieu conformément à la législation intérieure de chaque*
« *pays.* »

M. Henri Morel fait observer, à l'article 12, qu'il y a des contrefaçons faites dans certains pays de l'Union à destination d'autres pays non contractants; qu'il importe de savoir si ces contrefaçons peuvent être saisies et faire l'objet de poursuites judiciaires. Il signale certaines impressions faites en Allemagne à destination des pays d'outre-mer ou de pays étrangers à l'Union.

M. Carl W. Batz déclare que tel est bien l'esprit de la loi allemande, à savoir : que ces contrefaçons s'exécutant en Allemagne tombent absolument sous la sanction de la législation allemande et de la Convention de Berne.

M. Pouillet déclare que telle est aussi son opinion et que la solution affirmative ne peut être douteuse.

La question sera portée à l'ordre du jour.

« Art. 13. — *Il est entendu que les dispositions de la présente Conven-*
« *tion ne peuvent porter préjudice, en quoi que ce soit, au droit qui ap-*

« partient au gouvernement de chacun des pays de l'Union de permettre, de
« surveiller, d'interdire, par des mesures de législation ou de police inté-
« rieure, la circulation, la représentation, l'exposition de tout ouvrage ou
« production à l'égard desquels l'autorité compétente aurait à exercer ce
« droit. »

« ART. 14. — La présente Convention, sous les réserves et conditions à
« déterminer d'un commun accord, s'applique à toutes les œuvres qui, au
« moment de son entrée en vigueur, ne sont pas encore tombées dans le do-
« maine public dans leur pays d'origine. »

A l'article 14, M. GRUS demande que la Conférence veuille bien
revenir sur le principe de la rétroactivité tel qu'il est appliqué en
Angleterre.

M. SOUCHON appuie cette proposition.

M. le Président NUMA DROZ fait remarquer que cette question a
été réservée à l'application de la législation de chaque pays, parce
que c'est un des points les plus difficiles à établir par voies conventionnelles.

La question est portée à l'ordre du jour.

« ART. 15. — Il est entendu que les gouvernements des pays de l'Union
« se réservent respectivement le droit de prendre séparément, entre eux des
« arrangements particuliers, en tant que ces arrangements conféreraient aux
« auteurs ou à leurs ayants cause des droits plus étendus que ceux accordés
« par l'Union, ou qu'ils renfermeraient d'autres stipulations non contraires
« à la présente Convention. »

« ART. 16. — Un office international est institué sous le nom de Bureau
« de l'Union internationale pour la protection des œuvres littéraires et artis-
« tiques.
« Ce bureau, dont les frais sont supportés par les administrations de tous
« les pays de l'Union, est placé sous la haute autorité de l'Administration
« supérieure de la Confédération suisse, et fonctionne sous sa surveillance.
« Les attributions en sont déterminées d'un commun accord entre les pays de
« l'Union. »

« ART. 17. — La présente Convention peut être soumise à des revisions en
« vue d'y introduire les améliorations de nature à perfectionner le système
« de l'Union.
« Les questions de cette nature, ainsi que celles qui intéressent à d'autres
« points de vue le développement de l'Union, seront traitées dans les confé-
« rences qui auront lieu successivement dans les pays de l'Union entre des
« délégués desdits pays.
« Il est entendu qu'aucun changement à la présente Convention ne sera
« valable pour l'Union que moyennant l'assentiment unanime des pays qui
« la composent. »

« ART. 18. — Les pays qui n'ont point pris part à la présente Convention
« et qui assurent chez eux la protection légale des droits faisant l'objet de
« cette Convention seront admis à y accéder sur leur demande.
« Cette accession sera notifiée par écrit au gouvernement de la Confédéra-
« tion suisse, et par celui-ci à tous les autres.
« Elle emportera, de plein droit, adhésion à toutes les clauses et admis-
« sion à tous les avantages stipulés dans la présente Convention. »

« ART. 19. — Les pays accédant à la présente Convention ont aussi le
« droit d'y accéder en tout temps pour leurs colonies ou possessions étran-
« gères.

« *Ils peuvent, à cet effet, soit faire une déclaration générale par laquelle*
« *toutes leurs colonies ou possessions sont comprises dans l'accession, soit*
« *nommer expressément celles qui y sont comprises, soit se borner à indiquer*
« *celles qui en sont exclues.* »

« ART. 20. — *La présente Convention sera mise à exécution trois mois*
« *après l'échange des ratifications, et demeurera en vigueur pendant un*
« *temps indéterminé, jusqu'à l'expiration d'une année à partir du jour où*
« *la dénonciation en aura été faite.*

« *Cette dénonciation sera adressée au gouvernement chargé de recevoir*
« *les accessions. Elle ne produira son effet qu'à l'égard du pays qui l'aura*
« *faite, la Convention restant exécutoire pour les autres pays de l'Union.* »

« ART. 21. — *La présente Convention sera ratifiée et les ratifications en*
« *seront échangées, à Berne, dans le délai d'un an au plus tard.* »

M. LERMINA demande de mettre à l'ordre du jour la question de la propriété des œuvres photographiques.

Adopté.

M. GIACOSA demande que l'on revienne sur l'article 3 du protocole de clôture, c'est-à-dire sur la reproduction des œuvres musicales par des procédés mécaniques.

M. POUILLET ne voudrait pas voir soulever cette question parce qu'elle touche à des intérêts suisses.

M. GIACOSA déclare que telle n'est pas son intention, mais qu'il y a aujourd'hui de véritables reproductions des œuvres musicales par des instruments perfectionnés et que ce sont là de réelles atteintes à la propriété artistique.

M. le Président NUMA DROZ fait remarquer que, en 1884, on a réservé la question au point de vue des orgues de Barbarie et des boîtes à musique, mais que, depuis lors, par suite des progrès de la mécanique, on a fabriqué des appareils qui réalisent de véritables atteintes au droit d'auteur. La question peut donc être parfaitement examinée.

La proposition est admise.

M. D'ARTOIS déclare qu'après la discussion de ces différents points il se réserve de soumettre à l'assemblée les *desiderata* de la commission des auteurs dramatiques.

M. ECUYER annonce une proposition relative à la restitution des manuscrits par les éditeurs.

M. POUILLET fait observer que cette question ne touche en rien le droit d'auteur.

M. POUILLET fait connaître ensuite que M. Chaumat, délégué de la Société de législation comparée, s'excuse de ne pas assister à la conférence et le prie d'exprimer tous ses regrets.

La séance est levée à six heures, et l'assemblée fixe sa prochaine séance à lundi, neuf heures du matin.

TROISIÈME SÉANCE

Lundi 7 octobre 1889

Présidence de M. JULES LERMINA

Sont présents : MM. Armand d'Artois, Carl W. Batz, Bulloz, Louis Cattreux, J. Cuttat, A. Darras, Davrigny, B. Frey-Godet, Giuseppe Giacosa, Grenet-Dancourt, Léon Grus, Emile Jonas, Henri Levêque, Eugène Marbeau, Frédéric Mettetal, Henri Morel, Paul Pictet, Eugène Pouillet, Alexandre Reichel, Ernest Rœthlisberger, Victor Souchon, A. Weber.

Les procès-verbaux des deux premières séances sont lus et adoptés.

M. le Président LERMINA constate que les résolutions que prendra la Conférence ont une grande importance parce qu'elles seront communiquées au Conseil fédéral suisse pour que, le cas échéant, celui-ci se les approprie et qu'il les communique aux différentes puissances en vue d'en provoquer l'examen. Le texte de ces résolutions ne doit donc être ni trop radical ni trop absolu.

L'ordre du jour appelle la discussion sur la question du *maintien des conventions particulières entre les différents pays.*

M. CATTREUX signale que cette question a fait l'objet des délibérations du congrès de Madrid. Le but de la proposition etait alors de réagir contre la tendance qui se manifestait déjà à cette époque et qui devait entraîner la suppression des traités internationaux. Cette tendance s'est réalisée dans une certaine mesure, et depuis 1888 les traités antérieurs conclus, notamment par la Belgique avec l'Angleterre, l'Italie et la Suisse ont été dénoncés.

Ces dénonciations ont été présentées comme la conséquence logique de la conclusion de la Convention de Berne ; des déclarations catégoriques ont été faites dans ce sens notamment par les gouvernements italien et suisse affirmant l'inutilité des traités particuliers.

Cependant telle n'était pas la pensée des auteurs de la Convention de Berne. M. NUMA DROZ, au congrès de Genève, M. POUILLET, au congrès d'Amsterdam, ont déclaré que « la Convention de Berne « n'exclut aucun progrès, qu'elle respecte les arrangements inter- « nationaux dont la teneur est plus libérale pour les auteurs et « qu'elle en provoque même la conclusion, laissant à la législation « de chaque pays la faculté de se développer ».

Dès lors la dénonciation des traités internationaux semble être une contradiction.

Les traités de ce genre présentent toujours un double avantage qui n'est plus réalisé dans la Convention de Berne. Il y a d'abord l'application de la clause de la nation la plus favorisée, qui est la base de toutes ces conventions. Il résulte de ce principe que toutes les améliorations qui se réalisent par les progrès successifs des diverses législations se reflètent dans les Conventions internationales, sont acquises de plein droit et consacrent ainsi l'unification immédiate de tous les traités.

C'est presque la réalisation de cet idéal qui doit conduire à l'unification des législations.

Les traités internationaux présentent encore cet avantage de constituer des contrats synallagmatiques assurant aux intéressés, comme minimum, l'état de législation existant au moment de la conclusion des traités. Tous les avantages accordés aux Etats tiers sont acquis de plein droit par l'application du traitement de la nation la plus favorisée, et aucune réduction, aucune restriction ne peut être imposée aux Etats contractants pendant toute la durée contractuellement fixée.

Telle est l'interprétation du caractère juridique des conventions internationales.

Ces deux catégories d'avantages ne sont plus réalisées par la Convention de Berne. Celle-ci a pour base le traitement des nationaux et la législation intérieure de chaque pays.

Or, ce double principe peut être énervé, dans l'application, par des mesures ou par des formalités de procédure, et certaines mesures prescrites sont parfaitement réalisables pour les nationaux et peuvent être tout à fait inexécutables pour les étrangers.

C'est ainsi que dans certains pays on impose la caution *judicatum solvi*, ou bien encore on subordonne les poursuites à la plainte de la personne lésée, ou bien encore on exige un dépôt ou une déclaration préalable et formelle réclamant la protection éventuelle.

Dans la pratique l'application de ces mesures, imposées à peine de déchéance, avec plus ou moins d'exagération par certains tribunaux, équivaut, pour ainsi dire, à la négation même du droit. On pourrait en citer des exemples.

En résumé, les traités internationaux consacrent un minimum de droits avec une garantie absolue de durée pendant toute la durée de ces traités; ils assurent ainsi une stabilité qui place les intérêts littéraires et artistiques à l'abri des fluctuations économiques ou politiques, et aussi en dehors des coalitions d'industries parasites intéressées aux habitudes de piraterie littéraire et artistique.

Le remède qu'il conviendrait d'apporter à la situation actuelle serait le rétablissement des traités abrogés et le maintien de ceux qui sont encore en cours. Cette solution ne pouvant être obtenue, il conviendrait de porter tous ses efforts vers la conclusion d'Unions dites restreintes, recommandées par M. Numa Droz et par M. Morel. On pourrait trouver là une émulation salutaire et une atténuation des conséquences regrettables qui résultent des abrogations ou des dénonciations qui se sont produites.

M. MOREL partage au fond la manière de voir de M. Cattreux, mais il n'est pas d'accord avec lui sur la voie suivie jusqu'à présent dans les Congrès. Le bureau international a été chargé par le gouvernement suisse d'étudier la question de savoir s'il fallait ou non maintenir la convention entre la Suisse et la Belgique. Il est arrivé à la conclusion qu'il y avait avantage à supprimer la convention, parce qu'elle ne contenait aucune disposition plus avantageuse que celles de la Convention de Berne. Il est évident qu'il ne s'agit pas de supprimer des traités entre les pays de l'Union et les Etats non contractants, mais ceux conclus entre Etats unionistes et que la Convention internationale a rendus inutiles. Plus nous aurons fait de l'air et de la lumière dans les dispositions conventionnelles, plus les dispositions existantes pourront être appliquées strictement. Examinons les traités, supprimons ceux qui sont inutiles et gardons ceux qui sont utiles.

M. POUILLET se déclare du même avis que M. Morel. Il voudrait maintenir les conventions particulières dans les dispositions plus favorables que la Convention de Berne. Il conviendrait, en outre, de fonder des unions restreintes par lesquelles les Etats les plus avancés s'assureraient réciproquement un traitement plus avantageux.

M. DARRAS appuie la proposition de M. Cattreux; il donne un exemple du danger de la suppression des conventions en citant la dénonciation du traité franco-anglais de 1851, dénonciation qui a eu des résultats très fâcheux pour les auteurs français au point de vue, notamment, de la reproduction des articles des journaux.

M. CATTREUX apprécie particulièrement, dans les conventions particulières, le fait qu'elles assurent aux Etats contractants un minimum de droits acquis et une stabilité plus grande que celle de la Convention de Berne. Celle-ci n'assurant que le traitement national, avec ses fluctuations éventuelles, il se pourrait que certains pays apportassent des restrictions excessives à leur législation, ce qui risquerait de créer un mouvement d'opinion défavorable, même dans les pays plus avancés.

M. MOREL croit qu'on pourrait faire des propositions positives pour une union restreinte. Ainsi, l'Espagne, la France, l'Italie, la Suisse et la Belgique pourraient s'entendre sur l'assimilation du droit de traduction au droit de reproduction, et faire, sur cette matière et sur d'autres, un arrangement en deux ou trois articles.

M. LE PRÉSIDENT croit que l'assemblée est d'accord quant au fond, et il propose de charger une commission, composée de MM. Cattreux, Darras, Morel et Pouillet, de rédiger une résolution tenant compte des vues exprimées. De plus, il fait observer, d'une manière générale, que la forme des résolutions est trop concise pour faire apprécier leur esprit, et qu'il est désirable qu'un rapport soit fait sur chaque question de manière à accompagner chaque résolution d'un texte explicatif ou d'un commentaire.

Cette proposition est adoptée.

L'ordre du jour appelle la discussion de la question ainsi conçue : *De la suppression, dans les Etats de l'Union, de la caution « judicatum solvi » en matière littéraire et artistique.*

M. CATTREUX estime que la conférence doit être d'accord pour décider que la caution *judicatum solvi* est une disposition surannée, incompatible avec le droit positif de plusieurs nations, et qu'elle est en contradiction manifeste avec l'idée d'union internationale, attendu qu'elle élève une barrière à la revendication des droits d'auteur dans le domaine international.

M. POUILLET estime que l'on ne peut supprimer cette caution

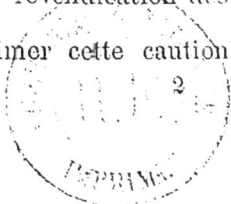

2

sans donner au national une garantie *adéquate* nécessaire vis-à-vis de l'étranger. Mais il croit qu'elle pourrait disparaître si les jugements rendus dans un pays recevaient, *ipso facto*, l'*exequatur* dans les autres Etats contractants.

M. DARRAS voudrait voir supprimer la caution. Mais il fait observer à M. Pouillet que sa proposition se heurte à un obstacle de droit international. L'exécution des jugements étrangers se fait de diverses manières dans les différents pays; en France par exemple, les tribunaux revisent les jugements étrangers, quant au *fond*. Ce serait aller trop loin que de refuser tout droit de revision du procès par le seul fait qu'il s'agit d'une question de propriété littéraire. Il faudrait au moins réserver à chaque Etat le droit de revision quant à la forme, car il s'agit d'une question de souveraineté nationale.

M. POUILLET est d'accord avec M. Darras sur ce point qu'il convient de ne pas supprimer la revision quant au fond. L'*exequatur* devra toujours être donné par le pays où l'on veut faire exécuter le jugement. Cette théorie est déjà appliquée dans le traité franco-suisse et ne constitue pas une innovation.

Sur l'observation de M. JONAS qu'il serait désirable qu'un procès pût être revisé en cas de déni de justice, M. POUILLET fait remarquer que cet inconvénient serait le même pour tous les pays, mais que, pour l'éviter, il faudrait qu'il y eût parfaite égalité dans l'exécution des jugements des divers tribunaux des différents pays.

Après un échange d'observations entre MM. d'Artois, Pouillet, Weber, Souchon, Morel, Frey et M. le président, ce dernier met aux voix la question de savoir si l'assemblée approuve la suppression de la caution *judicatum solvi* avec la réserve indiquée par M. Pouillet.

L'assemblée vote l'affirmative à une forte majorité.

La commission spéciale nommée pour la question précédente est chargée de la rédaction définitive de cette résolution.

L'ordre du jour appelle la discussion sur la troisième question :

Examen de l'article 2, au point de vue de la dispense de l'accomplissement de toutes formalités dans les pays de l'Union, autres que celles exigées dans le pays d'origine.

M. MOREL explique que le Bureau international, ayant demandé l'avis d'un jurisconsulte anglais sur cette question de propriété littéraire, a reçu de ce dernier une consultation dans laquelle il admettait que la protection accordée, en Angleterre, aux étrangers ressortissant aux pays de l'Union, était subordonnée à l'enregistrement au *Stationers Hall*. Le bureau a soumis cette question à un examen sérieux dont il a publié le résultat dans le *Droit d'auteur*. Il est arrivé à la conclusion que les travaux préparatoires, les documents officiels et tous les commentateurs étaient d'accord pour affirmer la suppression de toutes les formalités autres que celles exigées dans le pays d'origine de l'œuvre. Le bureau n'entend pas provoquer un vote, mais il désire qu'il soit constaté que l'opinion du jurisconsulte anglais mentionnée plus haut n'est pas partagée par l'assemblée.

M. Batz constate qu'on exige au *Stationers Hall* l'accomplissement de formalités qui ne sont pas prévues par la loi. Ainsi quand il a voulu assurer la protection des droits concernant les œuvres de Richard Wagner, on a exigé de lui deux dépôts différents, l'un pour la publication, l'autre pour la représentation des œuvres en question. Il conviendrait de demander des renseignements officiels sur les formalités à remplir.

M. Souchon s'oppose à la proposition faite. Ce serait douter de droits qui sont bien établis. La Société des auteurs, compositeurs et éditeurs de musique n'a jamais eu à remplir de semblables formalités pour les œuvres françaises, et elle a obtenu gain de cause dans des procès faits pour des œuvres non enregistrées. Elle a, en outre, obtenu des consultations de plusieurs jurisconsultes anglais qui sont en complet désaccord avec l'opinion émise par le jurisconsulte cité par M. Morel.

M. le Président constate qu'il n'y a pas à voter sur la question qui vient d'être discutée, et qu'il n'y a qu'à prendre acte de la déclaration de M. Morel.

M. Souchon dit que l'article 2, en son paragraphe 2, lui suggère quelques réflexions. Si ces réflexions reposent sur quelque erreur d'appréciation, il ne demande pas mieux que de le reconnaître et de se conformer à l'appréciation de la conférence.

Il semble qu'il existe une contradiction entre les paragraphes 1 et 2 de l'article 2. En effet, le paragraphe 1 proclame l'assimilation aux nationaux ; dans le paragraphe 2, il est dit que la jouissance des droits ne pourra excéder, dans les pays de ces nationaux, la durée de celle qui est accordée dans le pays où l'œuvre a reçu son origine.

Il n'y a donc pas assimilation complète aux nationaux, car l'auteur suisse, qui a en Suisse une durée de protection de 30 ans *post mortem*, ne peut prétendre, en France, par exemple, aux 50 ans *post mortem* qu'assure la loi de ce pays. Également pour un Français en Espagne.

Cela peut engendrer des effets contraires à l'intérêt de l'auteur, et l'orateur se demande ce que deviendrait, pour l'auteur français, le bénéfice de son assimilation avec défense d'excéder, si l'Autriche, par exemple, avec sa législation défectueuse, venait à accéder à la convention de Berne.

La loi autrichienne de 1846 contient entre autres dispositions que, dans certains cas, une œuvre dramatique ou littéraire cesse d'être protégée dix ans après la publication ou la première représentation.

Voilà donc l'auteur jouissant, d'une part, de la plénitude de son droit en France, dépouillé, de son vivant, en Autriche, par effet d'assimilation aux nationaux !

D'autre part, l'auteur espagnol qui a, dans son pays, 80 ans de protection *post mortem*, aura la jouissance de ce droit en France, pays cinquantenaire, sans avoir à s'inquiéter de l'interdiction d'excéder. De même le Francais en Suisse où la protection est trentenaire, et cependant il est assimilé aux nationaux.

M. POUILLET réplique que la disposition de la Convention est très claire. Le droit de l'étranger ne peut pas, au point de vue de la durée, dépasser le droit du pays d'origine. Cette règle est naturelle ; elle est aussi observée en ce qui concerne la durée des brevets. L'auteur peut lui-même fixer la durée de protection dont il jouira, en choisissant, pour y faire sa publication, le pays qui assure le plus d'avantages.

M. SOUCHON fait observer que, lorsque l'on s'occupe du droit de traduction, on remarque que les législateurs n'ont pas hésité à enjamber l'article 2 et les législations des pays de l'Union, pour impartir un délai unique et général de 10 ans dans la jouissance du droit de traduction.

N'y avait-il pas les mêmes raisons à faire valoir, cependant, en ce qui concerne la représentation ? Exemple : Un pays ne protégeant que pour deux ans la traduction, la Convention n'imposait-elle pas à l'étranger, tout en l'assimilant au national, un traitement plus favorable que celui accordé à ce dernier ?

Pourquoi les législateurs ont-ils imparti un délai unique minimum de dix ans ? Sans doute pour satisfaire au besoin d'unité qui s'impose dans des conventions d'union de ce genre. Pourquoi n'ont-ils pas fait de même en ce qui concerne la reproduction ou la représentation ?

N'était-il pas possible de dire qu'en aucun cas la durée de protection ne pourrait être inférieure à la durée de la vie de l'auteur et à un minimum d'années à déterminer *post mortem* ?

Une autre disposition rend plus sensible l'incertitude des précédentes. Il est dit dans le paragraphe 3 du même article 2 que, lorsqu'une œuvre paraîtra simultanément dans plusieurs pays, l'on ne pourra revendiquer que la protection la plus courte accordée par la législation de ces pays. Si bien que, si une œuvre est publiée en France et en Autriche, — ce pays venant à adhérer — elle subit l'application de la loi rétrograde et anti-protectrice autrichienne ! A quoi servent alors et l'assimilation aux nationaux et la défense d'excéder ? C'était là, plus que jamais, si l'on ne voulait pas faire bénéficier l'auteur de sa nationalité, le cas de stipuler un minimum de protection aux droits de reproduction et de représentation.

Les législateurs ont cru devoir passer sur de multiples considérations législatives intérieures pour assurer un minimum de protection et l'égalité de traitement au droit de traduction ; ils pouvaient, en faisant moins violence encore aux législations étrangères, plus libérales en général pour les autres droits, impartir un minimum de durée de protection aux auteurs pour la reproduction ou la représentation de leurs œuvres.

Ils eussent donné ainsi satisfaction au désir d'unité et d'égalité dans le traitement qui s'est maintes fois manifesté au cours des congrès et des discussions.

M. POUILLET fait observer que la disposition relative à la traduction constitue une disposition *impérative* modifiant la législation des différents pays, tandis que celle qui concerne la durée de protection ne peut être que *normative,* et laisse subsister la législation de chaque pays.

En ce qui concerne l'application pratique de l'article 2, M. CATTREUX voudrait que, lorsque les formalités légales ont été remplies dans le pays d'origine à l'égard d'œuvres littéraires ou artistiques, ces œuvres ne pussent plus être disqualifiées dans les autres pays. Il cite à l'appui de son observation un jugement rendu par une cour d'appel belge, qui refusait de reconnaître comme œuvres artistiques des impressions françaises auxquelles cette qualité avait été reconnue, dans diverses contestations, par les tribunaux français et par le tribunal belge de première instance.

M. POUILLET fait ressortir que l'accomplissement des formalités ne préjuge en rien le caractère de l'objet déposé, caractère que les tribunaux doivent avoir toute liberté de déterminer.

M. LE PRÉSIDENT estime qu'il n'y a pas lieu de formuler un vœu, tendant à la revision sur cette question, mais que les observations qui ont été faites suffisent à démontrer que la conférence serait disposée à rejeter toutes formalités inutiles.

L'ordre du jour appelle la discussion de la quatrième question :

De l'extension du mot éditeur *(employé dans l'article 3) à l'entrepreneur de représentations dramatiques.*

M. POUILLET rappelle que, lors de la discussion qui a eu lieu en 1884 sur l'article 3, on s'est aussi occupé des œuvres dramatiques produites par des auteurs n'appartenant pas à un des pays de l'Union, mais pouvant être protégées dans la personne de l'éditeur. M. Lavollée a émis à ce sujet, sans rencontrer de contradiction, l'avis que le mot « éditeur » devait être pris dans le sens le plus large, de manière à pouvoir s'appliquer, par exemple, à l'entrepreneur de représentations dramatiques. La manière de voir de M. Lavollée est parfaitement juste, et il serait désirable que la formule employée par lui, fût insérée dans la Convention, et qu'il fût bien constaté que la publication par la représentation est assimilée à la publication par l'impression.

M. BATZ voudrait que l'on comprît bien que la publication dont il s'agit n'est pas la première publication faite dans *chaque* pays, mais bien la première qui a lieu dans un pays quelconque.

M. MOREL demande, comme M. Pouillet, que l'opinion de M. Lavollée soit rappelée lors de la prochaine conférence diplomatique.

Adopté.

La séance est levée à midi.

QUATRIÈME SÉANCE

Lundi, 7 octobre 1889

Présidence de M. JULES LERMINA

La séance est ouverte à quatre heures.

Sont présents : MM. Armand d'Artois, Carl W. Batz, Dr M. Bühler, Bulloz, Louis Cattreux, J. Cuttat, A. Darras, Davrigny,

B. Frey-Godet, Grenet-Dancourt, Léon Grus, Emile Jonas, Henri Levêque, Eugène Marbeau, Frédéric Mettetal, Henri Morel, Paul Pictet, Eugène Pouillet, Alexandre Reichel, Ernest Rœthlisberger, Victor Souchon, Fr. de Stoutz, A. Weber.

M. Pouillet, faisant rapport au nom de la commission spéciale nommée dans la séance précédente, propose à la Conférence le projet de résolution suivante :

Première question : *De l'utilité des traités internationaux et de la nécessité de leur maintien.*

La commission propose de décider :

Il est désirable de voir s'établir entre les différents pays une convention unique, mais il est du plus haut intérêt que, jusque-là, en vue de conserver les avantages actuellement acquis, les traités particuliers soient maintenus en ce qu'ils ont de plus favorables que la Convention de Berne de 1886.

Il est d'ailleurs à souhaiter qu'au lieu de conventions séparées, les pays de l'Union, qui veulent assurer d'une manière plus large la protection des droits des auteurs, concluent entre eux des conventions d'union restreinte.

M. d'Artois voudrait voir accentuer la rédaction de cette résolution dans le sens du vœu en faveur de l'unification de toutes les législations sur le droit d'auteur.

M. Pouillet répond que ce vœu est l'idéal rêvé et qu'il est compris dans toutes les résolutions proposées, lesquelles ne constituent, en réalité, que des étapes vers l'idéal, qui est le but unique de tous les congrès et conférences sur la matière.

M. Jonas appuie l'observation présentée par M. d'Artois. Il craint que la rédaction proposée ne laisse subsister du doute sur les avantages de la Convention de Berne.

M. Lermina fait remarquer que si l'on veut exprimer des vœux de ce genre, ils n'ont aucune chance d'être accueillis par la Conférence. Les vœux de cette nature sont plutôt l'œuvre des Congrès, lesquels proclament les principes généraux de la matière.

M. Weber critique la forme de la résolution. Il lui semble que les vœux devraient être plus précis et plus accentués.

M. Pouillet répond que la commission spéciale a repris la rédaction du vœu exprimé par le Congrès artistique de Paris.

M. Lermina estime qu'il faut marcher progressivement et n'émettre que des vœux qui ont une portée pratique. C'est le seul moyen d'arriver à l'idéal que nous avons tous en vue et qui est l'unification de toutes les législations sur le droit d'auteur.

M. Pouillet fait remarquer que le but de la Conférence actuellement réunie est d'améliorer la Convention de Berne et nullement de toucher aux législations des différents pays. Il propose d'ajouter, à titre de document, à la résolution qui est proposée, le texte même voté par le Congrès de Paris et qui viendrait ainsi compléter la résolution.

Le texte proposé par la commission spéciale est ensuite adopté avec cette adjonction.

M. POUILLET présente ensuite la formule adoptée par la commission spéciale sur le deuxième objet, à savoir :

Il est désirable que, dans les procès relatifs aux contestations que peut faire naître l'application de la Convention de Berne, la caution judicatum solvi soit supprimée, et qu'en même temps les jugements définitifs, rendus dans l'un des pays de l'Union, soient exécutoires dans les autres suivant les formes et sous les conditions indiquées dans l'article 16 du traité franco-suisse du 15 juin 1869.

M. WEBER trouve que cette rédaction n'est pas suffisamment explicite.

M. LERMINA appuie cette observation.

M. POUILLET, y faisant droit, remplace la conjonction « et » par le mot « mais » et la résolution ainsi modifiée est adoptée.

M. POUILLET fait ensuite rapport sur la troisième question et propose la résolution suivante :

Il est à désirer que la prochaine Conférence affirme au besoin par un texte positif le sens du mot « éditeur », dans l'article 3 de la Convention de Berne, pris dans son acception la plus large, de manière à pouvoir s'appliquer par exemple à l'entrepreneur de représentations dramatiques ou d'exécutions musicales.

M. D'ARTOIS ne peut admettre l'extension du mot « éditeur » appliqué aux organisateurs de représentations dramatiques.

M. POUILLET fait remarquer qu'il ne s'agit que des auteurs qui ne font point partie de l'Union de Berne, et que la discussion a en vue de protéger les éditeurs des pays ressortissants de l'Union qui publieraient des œuvres de cette catégorie.

M. D'ARTOIS insiste sur son observation. A son avis, la résolution présente un sérieux danger.

M. JONAS pense que M. d'Artois s'exagère les conséquences de la proposition. Il fait remarquer qu'en France la loi de 1791 réserve toujours le droit absolu des auteurs au point de vue de la représentation.

M. GRUS pense que c'est un danger de donner le titre d'éditeur et les droits qui en découlent à l'entrepreneur de spectacles.

M. JONAS fait remarquer que l'éditeur ne peut avoir plus de droits que l'auteur lui-même et qu'il n'aurait en tout cas que les droits que l'auteur voudrait bien lui céder.

M. POUILLET fait remarquer qu'il s'agit de protéger ou de ne point protéger les œuvres des auteurs étrangers aux pays de l'Union, et l'on veut faire une distinction en faveur des œuvres de cette catégorie qui seraient éditées dans les pays de l'Union. La solution s'impose et l'affirmative ne peut être douteuse. Il s'agit d'améliorer l'article 3 de la Convention de Berne et d'en faire disparaître certains inconvénients qui ont été constatés. C'est pour arriver à ce résultat désirable qu'on a assimilé le directeur de spectacle à l'éditeur proprement dit. Sans cette sanction, les œuvres dramatiques ou musicales des auteurs appartenant aux Etats non unionistes seront exclues de la protection de la loi dans certains pays ou elles seront très peu protégées.

M. Grenet-Dancourt demande si des directeurs, devenant ainsi éditeurs, ne pourraient se prévaloir de cette situation pour usurper une partie des droits des auteurs.

M. Weber demande aussi s'il n'y a pas à craindre de conflits entre l'auteur et l'éditeur. On se demande qui devra faire la preuve de sa qualité d'auteur.

M. Pouillet répond que cette question est résolue par le droit commun et la preuve de la propriété se fera ici d'après les règles ordinaires.

La discussion est close. La résolution présentée par la commission spéciale est adoptée.

L'ordre du jour appelle la discussion du sixième article de l'ordre du jour :

De la signification de l'article 4 au point de vue de l'énumération des œuvres littéraires et artistiques et, particulièrement, interprétation du mot « enfin » qui commence le dernier membre de phrase.

M. Pouillet rappelle les rétroactes de cette question. Il signale que c'est par une véritable erreur que la traduction anglaise du mot « enfin » a donné à l'article 4 de la Convention de Berne une interprétation restrictive absolument contraire à la pensée des auteurs de la Convention. Le mot « enfin » doit être remplacé par les mots « en outre », c'est-à-dire dans le sens extensif. Et pour éviter toute équivoque, il propose de rédiger l'article 4 dans ce sens.

M. Lermina confirme cette déclaration, à savoir que c'est bien le sens le plus étendu qui était dans la pensée des auteurs de la Convention.

Après une observation de M. Souchon, l'assemblée adopte la substitution dans l'article des mots « en outre » au lieu de « enfin ».

L'ordre du jour appelle la discussion de la proposition inscrite sous le § 7, savoir :

Le droit de traduction imparti à l'auteur sera de dix ans, et, s'il en a usé dans ce délai, ce droit sera assimilé à celui qu'il a sur son œuvre originale.

M. Pouillet expose que la traduction est à l'œuvre littéraire ce que la gravure est à l'œuvre artistique. Toute reproduction ainsi faite sans l'autorisation de l'auteur doit être caractérisée et qualifiée contrefaçon. Nous devons donc désirer, dit-il, que le droit d'édition soit étendu de manière à le rapprocher le plus possible du droit de l'auteur sur l'œuvre originale. Malheureusement, la plupart des législations sont très dures pour les traductions. Une première concession a été obtenue, en faveur de la traduction, par le délai de cinq ans accordé aux auteurs pour conserver le monopole de la traduction de leurs œuvres. Un second pas a été fait par le délai porté de cinq à dix ans. Aujourd'hui il faudrait faire une étape de plus et, pour ne pas effrayer les ressortissants de certains pays, il propose de reprendre la rédaction qui a été fixée dans l'avant-projet de convention préparé par le Conseil fédéral suisse en 1885 et qui était ainsi conçu :

« *Les auteurs ressortissant à l'un des Etats contractants jouiront, dans tous les autres pays de l'Union, du droit exclusif de traduction pendant toute la durée de leur droit sur leurs œuvres originales, s'ils ont fait usage de ce droit dans un délai de dix ans.* »

M. DE STOUTZ demande si le droit de traduction sera ainsi acquis pour toutes les langues.

M. LERMINA répond que la traduction ne s'appliquera qu'à une langue et l'auteur traduisant en allemand obtiendra le droit exclusif pour la traduction allemande.

M. POUILLET ajoute que lorsqu'il propose d'accorder le droit de traduction, ce n'est que dans une langue ; que si l'auteur veut l'étendre à plusieurs langues, il doit faire lui-même plusieurs traductions.

On pourrait donc ajouter, pour éviter toute équivoque : *ce droit ne s'applique qu'à la langue dans laquelle sera faite la traduction.*

L'assemblée consultée se prononce à l'unanimité dans ce sens.

L'ordre du jour appelle la discussion du n° 8 de l'ordre du jour : *De la reproduction en matière de journalisme.*

M. POUILLET rappelle qu'au dernier congrès de Paris, il a été décidé, sous forme de vœu :

« *Les articles de journaux et de recueils périodiques ne peuvent être reproduits ou traduits sans l'autorisation de l'auteur.*

« *L'auteur de ces articles n'est astreint à aucune mention spéciale de réserve ou d'interdiction.*

« *Tout journal peut reproduire un article politique publié dans un autre journal, à la condition d'en indiquer la source et le nom de l'auteur si l'article est signé, à moins que cet article ne porte la mention spéciale que la reproduction en est interdite.*

« *Le droit d'auteur s'étend aux dépêches et faits divers qui ont le caractère d'une œuvre littéraire.*

« *Les romans-feuilletons ne peuvent être reproduits sans l'autorisation de l'auteur, qui n'est d'ailleurs astreint à aucune mention spéciale de réserve ou d'interdiction.* »

La question est de savoir si l'on ne devrait pas faire, entre les articles de journaux, une distinction. Est-il possible d'assimiler le roman-feuilleton à l'article de journal ? Assurément non ! L'orateur propose le texte suivant qui, après une très courte discussion, est adopté :

« *Les articles extraits de journaux ou de recueils périodiques publiés dans l'un des pays de l'Union, pourront être reproduits, en original ou en traduction, dans les autres pays de l'Union.*

« *Mais cette faculté ne s'étendra pas à la reproduction, en original ou en traduction, des romans-feuilletons ou des articles de science ou d'art.* »

Ce texte est la reproduction de la première partie de l'article 9 du projet de convention de 1884.

Cette résolution est adoptée.

La séance est levée à cinq heures et demie.

CINQUIÈME SÉANCE

Mardi, 8 octobre 1889

Présidence de M. JULES LERMINA

La séance est ouverte à neuf heures.

Sont présents : MM. le comte de Almina, Armand d'Artois, Carl W. Batz, Bühler, Bulloz, Louis Cattreux, J. Cuttat, A. Darras, Davrigny, C. Ecuyer, B. Frey-Godet, Grenet-Dancourt, Léon Grus, Emile Jonas, Henri Levêque, Eugène Marbeau, Frédéric Mettetal, Henri Morel, Paul Pictet, Eugène Pouillet, Alexandre Reichel, E. Röthlisberger, Victor Souchon, Fr. de Stoutz.

L'ordre du jour appelle la discussion de la neuvième question : *De la suppression des réserves exigées sur les œuvres musicales.*

M. SOUCHON déclare que, dans ce domaine plus qu'en aucun autre, il est certaines vérités que l'on ne saurait trop répéter. Les diplomates qui auront à examiner de près la Convention de Berne ne seront jamais trop éclairés sur les difficultés de pratique auxquelles ils ne pouvaient parer, ne les ayant jamais soupçonnées. Le paragraphe 3 de l'article 9 annule, au détriment des compositeurs de musique, les dispositions pleinement libérales de l'article 2, et constitue, à leur encontre, un grand désavantage : c'est une mise hors la loi ; c'est une injuste expropriation. La Convention de Berne ne peut vraiment pas consacrer de telles anomalies. On ne peut comprendre, en effet, comment le principe si libéral, proclamé par l'article 2 et renforcé par les deux premiers paragraphes de l'article 9, se trouve tout à coup détruit par une disposition aussi contraire que celle du paragraphe 3 du même article 9. Trois pays seulement, sur les dix qui ont adhéré à la Convention, possèdent, dans leur législation, une disposition analogue : l'Angleterre, l'Allemagne et la Suisse ; encore cette dernière puissance ne l'impose-t-elle, par sa loi de 1883, que « *le cas échéant* ». L'Angleterre a, dans ses lois, une disposition qui permet au compositeur d'obtenir de son éditeur des dommages-intérêts quand la mention à réserve n'a pas été inscrite sur son œuvre, en dépit d'une mise en demeure. Il est permis de se demander si la conférence diplomatique a eu l'intention de mettre les compositeurs de musique en état d'infériorité vis-à-vis des autres producteurs intellectuels. Le paragraphe 3 protège-t-il au moins l'éditeur ? Non, assurément ; et il compromet, au contraire, ses intérêts commerciaux. L'intérêt de l'éditeur est d'échapper à l'inscription de la réserve imposée par le paragraphe 3, et cela spécialement pour l'Allemagne et l'Angleterre. Dans ces pays, où l'éditeur a coutume de publier les compositions musicales, non seulement sans mention à réserve, mais encore avec une mention spéciale donnant la liberté pleine et entière d'exécution : dans ces pays où le système des droits d'auteur n'est pas établi sur les compositions musicales (comme en France, en Belgique, en Espagne et en Italie), les éditeurs français et belges, par exemple, arrivant avec leurs œuvres portant des réserves, se trouvent non seulement dans un état d'infériorité absolue vis-à-vis de leurs confrères étrangers, mais encore se voient impuissants à soutenir la concurrence que cet état de choses leur crée. Mettent-ils la mention à réserve ? L'écoulement de leur musique en souffre, car le public fait la différence et supprime de ses achats une œuvre dont la jouissance lui paraît contestée. Ne mettent-ils pas ladite mention ? Leur commerce marchera, mais le compositeur, lui, se trouvera atteint, car on pourra exécuter partout son œuvre sans qu'il conserve le moindre espoir de profit.

Ainsi, non seulement les législateurs, en voulant protéger spécialement les compositeurs, les ont *spécialement* lésés, mais encore, passant par-dessus leur tête, leur arme dangereuse est allée atteindre des intérêts (ceux des éditeurs) qui étaient loin de leurs préoccupations, alors qu'ils édifiaient l'article 9.

La France, l'Espagne, la Belgique, l'Italie, protègent pleinement le compositeur de musique sans aucune disposition restrictive, aussi bien pour leurs nationaux que pour les étrangers. Les dispositions de l'article 9, si elles étaient maintenues, porteraient atteinte, en le restreignant, à un état de possession indiscuté jusqu'à présent dans les pays ci-dessus, sans servir en rien les intérêts que la Convention de Berne doit avoir pour objet immédiat de sauvegarder. Que l'Allemagne, que l'Angleterre, que la Suisse appliquent à leurs nationaux telles mesures de rigueur qui leur paraissent nécessaires, c'est affaire à elles; mais que les compositeurs des autres pays en supportent les conséquences, voilà qui paraît contraire à la justice, à l'équité.

C'est pour cette raison que MM. Grenet-Dancourt et Victor Souchon soumettent à la Conférence une proposition tendant à la suppression pure et simple du paragraphe 3 de l'article 9 de la Convention de Berne, et, en conséquence, ils proposent la modification suivante du paragraphe 1er :

« *Les stipulations de l'article 2 s'appliquent à la représentation publique des œuvres dramatiques ou dramatico-musicales et à l'exécution publique des œuvres musicales, que ces œuvres soient publiées ou non.* »

M. Batz fait remarquer que la disposition critiquée par M. Souchon est, en effet, reproduite dans la loi allemande. Mais, en vérité, dans la pratique, en Allemagne, les intéressés ne demandent nullement que cette disposition soit maintenue, et la suppression pourrait en être votée sans aucune réclamation de la part de l'Allemagne.

M. Souchon demande que l'on s'entende bien sur ce que veut dire l'expression « composition musicale ». Tous les pays l'interprètent-ils de la même façon? Que doit être une composition musicale pour rentrer dans la catégorie prévue au paragraphe 3 de l'article 9? Certains pays, comme l'Angleterre, exigent la mention sur des mélodies ou d'autres fragments extraits d'œuvres dramatico-musicales, lesquelles, par le paragraphe 1er de l'article 9, sont protégées sans aucune réserve. L'entier est protégé et la partie de cet entier ne le sera pas! Pourquoi? Est-ce là une logique application du paragraphe 3? Une composition musicale, dans le sens du paragraphe 3, s'entend d'une œuvre légère, conçue en dehors de toute collaboration dramatique : ainsi, une chanson, une romance, une chansonnette, une composition symphonique ou un morceau composé exclusivement pour le piano. Mais si l'on extrait d'une composition dramatico-musicale, protégée sans réserve, une mélodie ou un fragment symphonique, voire un simple fragment réduit pour piano, il devient injuste de priver ces œuvres d'une protection légale dont elles jouissaient alors qu'elles étaient confondues dans l'œuvre originale. Que cette opinion soit plus ou moins contestée, elle n'en fait pas moins ressortir une des nombreuses anomalies créées par le fait du paragraphe 3. Il semble que, pour la Convention, il y a inutilité, sinon danger, à redire, en des termes moins clairs, dans un neuvième article, ce qui est si bien dit dès le deuxième. Les législateurs se hâtent de déclarer, au début de cette Convention, que les auteurs sont pleinement protégés. Qu'est-il besoin, après cela, d'une mention spéciale aux compositeurs? La loi ne doit-elle pas s'appliquer à tous avec une parfaite égalité? Un principe général est édicté qui établit une protection pleine et entière pour tous; cela a été trouvé suffisant pour les auteurs dramatiques, pour les gens de lettres, pour les artistes; il devrait en être de même pour les compositeurs de musique. Les dispositions législatives analogues à celles du paragraphe 3 de l'article 9 sont, au sens de l'orateur, des erreurs du législateur; leur maintien dans la Convention est une faute, parce qu'elles restreignent injustement, au détriment d'une seule des parties en cause, les dispositions de l'article 2. — M. Souchon croit donc devoir maintenir énergiquement sa proposition.

M. POUILLET fait remarquer que la disposition n'existe que dans un petit nombre de pays et que l'on pourrait parfaitement obtenir que l'interdiction à mettre en tête des œuvres ne fût applicable que pour les pays qui exigent cette formalité. Il signale à cet égard qu'il y a une contradiction manifeste entre l'art. 9 et l'art. 2 de la Convention de Berne. Et ce qu'il faudrait désirer, c'est la concordance des deux articles, dont l'un exige une formalité, alors que l'autre n'en exige pas d'autre que celle du pays d'origine. La meilleure solution serait donc la suppression du paragraphe final de l'art. 9, et on arriverait ainsi à une concordance parfaite avec l'art. 2. De cette manière, on pourrait exiger la formalité de l'interdiction mise en tête des œuvres musicales pour les pays qui exigent cette formalité d'après leur législation intérieure, et on ne pourrait exiger cette formalité pour les pays qui ne la prescrivent pas dans leur législation.

M. JONAS fait remarquer que, dans la pratique, la suppression du § 3 de l'art. 9 n'apportera aucun changement à l'état de choses actuel, attendu qu'aucun éditeur ne s'oppose à l'apposition de la mention exigée ; il ne comprend pas que les compositeurs se plaignent, et il ajoute qu'il est inutile de s'arrêter davantage à la proposition.

M. Souchon répond que l'allégation de M. Jonas constitue une erreur matérielle. Dire qu'aucun éditeur ne se refuse à l'inscription de la mention protectrice, c'est nier l'évidence. En dehors de l'Allemagne et de l'Angleterre, notamment, il est, dans certains pays, des éditeurs qui se refusent à inscrire toute mention à réserve sur les œuvres qu'ils impriment en vue de l'étranger.

L'orateur exprime le désir que cet état de choses anormal cesse. Il souhaite ardemment que le compositeur rentre dans la plénitude de son bien, dans la jouissance de sa propriété.

M. Jonas considère l'élimination de la fin de l'article 9 comme un grand danger à cause des pays non contractants (l'Autriche-Hongrie et d'autres), qui exigent précisément la réserve pour l'exécution des œuvres musicales. Abolir cette réserve, c'est se dépouiller d'une arme de plus.

M. Batz fait également remarquer que des exemplaires ne portant pas la mention de la réserve peuvent s'égarer dans des pays où elle est exigée, ce qui peut donner lieu à des exécutions dont l'auteur ne retirera aucun bénéfice.

MM. Pouillet et Darras objectent que l'article 9 n'est applicable que dans l'Union et que ses dispositions, quelles qu'elles soient, n'ont aucune influence sur les pays non unionistes.

M. Morel constate que l'application de la réserve entraîne dans la pratique des inconvénients qu'on n'avait pas prévus. Il explique la genèse de l'article en question (procès-verbal de 1884, page 56). D'après lui, nous sommes en présence d'une disposition normative, tandis que l'article 2 contient une disposition impérative. Les tribunaux décideront si cette dernière est assez puissante pour faire proclamer la suppression de la réserve contenue à l'article 9.

M. Pouillet est d'avis que M. Lavollée a fait erreur quand il dit que, par suite de l'application du traitement national aux œuvres étrangères (art. 2), les œuvres musicales publiées dans des pays où n'existe pas le droit se trouveraient privées de protection dans le pays où ce droit est reconnu, si leurs auteurs n'avaient pris la précaution d'indiquer expressément leur intention d'interdire l'exécution publique de leurs ouvrages.

Le second alinéa de l'article 2, qui prononce la suppression des formalités autres que celles exigées par le pays d'origine de l'œuvre, est aussi impératif que le premier alinéa; par conséquent, les auteurs des pays qui ne connaissent pas la formalité dont parle l'article 9 *in fine* ne devraient pas être obligés à l'accomplir.

M. Souchon insiste énergiquement dans le sens de la suppression de la réserve imposée.

Si je veux me protéger, dit il, dans un pays non contractant, comme l'Autriche-Hongrie, je dois faire la réserve sous peine de voir tomber mon œuvre dans le domaine public. Mais ce qui est inique, c'est que l'auteur qui ne met pas cette réserve sur l'œuvre, parce que les éditeurs s'y opposent, de peur de nuire à l'écoulement de l'édition, soit dépouillé de son droit dans l'Union.

Le droit de l'auteur musical est aussi sacré que celui des auteurs d'œuvres dramatiques et dramatico-musicales.

M. DE STOUTZ plaide également pour la suppression de la réserve; il croit que, vu la teneur de l'article 9, la formule généralement employée de « tous droits réservés » ne pourrait pas paraître suffisante à un tribunal et que l'auteur serait puni pour n'avoir pas « *expressément* déclaré qu'il interdit l'exécution publique ». En outre, la question de rétroactivité se compliquerait pour les exemplaires ne portant pas cette interdiction.

La suppression de la réserve est adoptée à l'unanimité moins une voix.

MM. Darras, Pouillet et Souchon sont chargés de rédiger le vœu.

M. D'ARTOIS revient à la question des formalités qu'on exige, en Angleterre, des auteurs musicaux, formalités dont on lui a révélé l'existence par des informations diplomatiques.

Plusieurs orateurs lui font observer que les diplomates n'ont pas mission d'interpréter la Convention; ce droit appartient uniquement aux tribunaux. La Convention doit être appliquée en Angleterre, et elle contient la suppression de toute formalité autre que celle du pays d'origine de l'œuvre.

L'incident est clos.

M. D'ARTOIS propose, au nom de la Commission des auteurs dramatiques, deux articles qui auraient pu utilement être introduits dans la Convention de Berne, et qui consacreraient le droit absolu, pour les auteurs et compositeurs dramatiques, d'autoriser la publication de leurs œuvres, soit dans la langue originale, soit dans toute autre langue.

M. POUILLET fait remarquer que ces deux vœux sont réalisés d'une façon absolue dans la Convention de Berne, et qu'il est impossible de l'exprimer d'une façon plus claire et plus explicite que dans l'article 2; qu'il importe peu d'ailleurs que l'œuvre soit manuscrite ou publiée. Le droit exclusif, au point de vue de la représentation, est consacré de la façon la plus formelle. C'est d'ailleurs un principe sur lequel jamais, dans aucun pays, il n'y a eu de difficultés. Jamais on n'a contesté à l'auteur, qui a le droit de publication, le droit exclusif et absolu de représentation. S'il y a des doutes à cet égard chez les auteurs, c'est qu'ils ne sont pas très vigilants sur leurs droits et qu'ils n'ont pas encore essayé de faire appliquer la Convention dans les différents pays. Mais il est incontestable que la Convention comprend, de la façon la plus précise les deux vœux qui viennent d'être exprimés par M. d'Artois.

M. BATZ fait remarquer que les éditeurs français qui ne mettent pas en tête de leurs publications la réserve de l'interdiction de représentation, et qui les envoient dans les pays où cette réserve est exigée, font ainsi tomber les œuvres dans le domaine public au point de vue de la représentation.

M. Pouillet objecte que cette prescription n'existe que pour les œuvres musicales et non pour les autres œuvres, lesquelles sont protégées comme des œuvres littéraires, sans qu'elles aient besoin d'aucune réserve inscrite, à peine de déchéance du droit.

M. Souchon fait remarquer que les œuvres dramatiques et musicales sont publiées sous diverses formes. Il y a d'abord la partition d'orchestre, la partition de piano et de chant, la partition de piano seul; quelle que soit la forme, c'est toujours l'œuvre dramatico-musicale, et ce sera un bouleversement extraordinaire que de vouloir faire comprendre aux magistrats de certains pays (Angleterre et Allemagne), que ces œuvres ne sont pas des œuvres musicales qui doivent subir l'interdiction prescrite par la Convention de Berne.

M. Pouillet répond qu'une œuvre dramatico-musicale peut devenir une œuvre musicale proprement dite. La partition de piano seul, par exemple, est une œuvre musicale proprement dite, alors que la partition piano et chant conserve le caractère d'œuvre dramatico-lyrique.

L'ordre du jour appelle la discussion de l'art. 10 : *Définition du mot « adaptation » appliqué aux œuvres dramatiques.*

M. d'Artois demande de lui donner une définition exacte et complète qui enlève toute équivoque.

M. Pouillet pense que la définition de l'article est suffisante et qu'il serait difficile de se mettre d'accord sur un texte meilleur; mais il signale comme une contradiction le paragraphe 2 de l'article 10. Il semble retirer ce que le paragraphe 1 accorde. Peut-être conviendrait-il de ne pas toucher à la rédaction de l'art. 10 de la convention, mais d'indiquer, dans le rapport qui sera fait, la contradiction et l'inconvénient qu'il signale, et d'exprimer dans ce document les vœux devant interdire la transformation des romans en pièces de théâtre et *vice versâ*.

M. d'Artois fait remarquer que des abus très sérieux se sont produits en Angleterre, où l'on a soutenu que le droit de transformer un roman en pièce de théâtre n'est pas interdit par la Convention.

M. Davrigny appuie les observations de M. d'Artois, mais il voudrait que la Conférence fît un pas de plus en faveur des artistes. Il exprime le vif regret que des voix autorisées ne soient pas venues de France pour parler dans ce sens. Il regrette que la Société des artistes français, qui aurait pu parler au nom de deux ou trois cents peintres qui sont l'honneur de l'art en France, ne soit pas représentée ici pour demander que l'on ne puisse reproduire une œuvre artistique, pour en faire une application industrielle ou commerciale. Il demande à la Conférence de ne pas tenir compte de l'absence regrettable qu'il signale, et il peut assurer de la reconnaissance des artistes, si l'assemblée veut proclamer ce principe, que les auteurs des œuvres artistiques jouissent du droit absolu de protection de leurs œuvres, même au point de vue industriel et commercial.

M. POUILLET fait observer qu'il est difficile d'introduire l'élément commercial dans la Convention de Berne, qui n'a à s'occuper que des œuvres littéraires et artistiques. Il ajoute que la demande exprimée par M. Davrigny se trouve en quelque sorte réalisée, et que l'auteur d'une œuvre artistique a seul le droit d'en autoriser la reproduction dans un but industriel ou commercial.

M. BULLOZ fait remarquer que dans certains pays, en Allemagne notamment, l'artiste qui cède son œuvre au point de vue de la reproduction industrielle perd tous ses droits au point de vue artistique.

M. POUILLET croit que c'est là une erreur, car la loi allemande consacre, au profit de l'auteur, le droit de reproduction de son œuvre par des procédés artistiques quelconques. Si un industriel s'empare d'une œuvre artistique dans un but industriel, l'auteur a parfaitement le droit d'intervenir et de s'opposer à toute reproduction.

M. LERMINA estime qu'il suffirait, dans l'article 2, de remplacer les mots « œuvre artistique » par le mot « ouvrage ». mais que cette modification a peu d'importance et qu'il serait préférable de ne pas demander sur ce point de modifications à la Convention, et de bien fixer l'interprétation dans le rapport qui sera fait au Conseil fédéral.

M. FREY-GODET fait observer que la modification qu'on demande n'est pas nécessaire au point de vue français, et qu'en Allemagne les deux catégories « œuvre » et « ouvrage » s'interprètent par l'expression « werk », ce qui dispense même de toute interprétation complémentaire.

M. DAVRIGNY ne demande pas une modification de rédaction, à la condition que les intérêts artistiques dont il se préoccupe soient pleinement sauvegardés et qu'ils ne puissent jamais être contestés.

M. LERMINA insiste pour qu'il n'y ait pas de changement de rédaction, et il propose formellement que la question soit réservée pour être fixée dans le rapport de clôture des travaux du Congrès.

Cette proposition est adoptée.

L'ordre du jour appelle la discussion du § 10 de l'ordre du jour : *Formalités à remplir pour la revendication du droit d'auteur, en matière de représentations dramatiques.*

M. SOUCHON dit qu'il est hors de doute que l'article 11 ne s'applique qu'à la contrefaçon, c'est-à-dire à la reproduction illicite. En l'état de la législation française, par exemple, il est impossible d'assimiler la représentation à une reproduction illicite. En effet, le droit de représentation ou d'exécution est régi par la loi de 1791, qui ne stipule aucune formalité. Il n'en est pas de même du droit de reproduction. C'est la loi de 1793 qui, en France, le régit, et cette loi dit formellement que, pour prendre son recours contre le contrefacteur, l'éditeur ou le propriétaire de l'œuvre aura dû, préalablement à toutes poursuites, déposer deux exemplaires de son œuvre au ministère de l'intérieur, bureau de la librairie.

En examinant de près l'article 11, on n'y voit aucune contradiction avec ce qui précède. Il s'agit bien de poursuites contre les contrefaçons ; de plus, le paragraphe 2 parle bien de l'éditeur; enfin, le paragraphe 3 parle de la production, le cas échéant, d'un certificat de constatation d'accomplissement de formalités. Cette obligation de fournir un certificat a été imposée à chacune des poursuites que la Société des auteurs, compositeurs et éditeurs de musique a dû intenter en Angleterre, en Suisse, pour certains cas, en Espagne, et il a fallu fournir des certificats d'origine et même des attestations de possession du droit d'exécution.

Que dire de plus cependant devant les tribunaux, si ce n'est que les requérants sont les auteurs des œuvres pour lesquelles ils revendiquent, et comment une sentence pourrait-elle leur être contraire, si rien n'est venu mettre à néant leur allégation? Que deviendrait surtout le droit de l'auteur dans la fausse application de l'article 11, si son œuvre est originaire d'un pays où le dépôt n'existe pas? Droit matériel, droit immatériel, tout lui échapperait! Et le législateur qui a fait la Convention l'a compris admirablement quand il a dit, dans l'article 11, qu'il suffit pour l'auteur que son nom soit indiqué sur l'ouvrage, pour qu'il soit admis devant les tribunaux. La Société des Auteurs a dû, en Espagne, déposer un certificat légalisé établissant qu'au moment où l'œuvre pour laquelle elle poursuivait paraissait en France, ce pays assurait à l'Espagne la réciprocité du traitement. Jusqu'où peut aller la manie du certificat dans un pays assoiffé de justifications? Ce n'était assez ni de l'édition patente, ni de l'origine de l'auteur, ni de son œuvre, ni du bulletin du dépôt légal, il fallait, en outre, une pièce diplomatique. On ne saurait donc trop préciser en matière d'application de formalités. Toutes sortes de difficultés sont accumulées sur le chemin d'un auteur par les tribunaux de plusieurs pays de l'Union. On ergote sur les textes, on chicane sur les droits, et l'on n'a pas trop de la clarté absolue d'un texte pour se couvrir ou se défendre.

La conférence ferait acte de prudence et de sagesse en adoptant la proposition suivante :

« *Au sujet de l'article 11, il est entendu que ses stipulations ne s'appliquent qu'à la contrefaçon et que nulle obligation, en dehors de celles découlant de l'article 2 de la Convention, n'incombe aux auteurs des pays de l'Union, en ce qui concerne la jouissance de leurs droits de représentation ou d'exécution.* »

M. POUILLET estime que les critiques formulées sont justes, et que, pour y faire droit, on pourrait demander la suppression du § 3 de l'article 11.

M. SOUCHON se contenterait d'une interprétation ferme de la Convention dans le sens de ses observations.

M. LERMINA demande à la Conférence de ne pas proposer de modifications à l'article 11. Il pourrait être donné satisfaction aux observations faites en interprétant la disposition dans le sens qui a été indiqué par M. Souchon.

M. DE STOUTZ objecte à M. Souchon que les certificats qui ont été exigés par les tribunaux suisses ne sont pas la conséquence de la Convention de Berne, mais bien de la Convention littéraire franco-suisse.

M. SOUCHON insiste sur ses précédentes observations.

M. GRENET-DANCOURT estime que, pour satisfaire au désir de M. le Président de ne pas modifier l'article, la Conférence pourrait exprimer le vœu de voir supprimer le § 8 de l'article 11, et son remplacement par la proposition de M. Souchon. De cette manière, les diplomates chargés de la revision de la Convention seront éclairés.

M. LERMINA fait remarquer qu'il y a en cause une question de principe sur laquelle tous sont d'accord. On devrait donc demander la suppression du § 3 de l'article ou obtenir une interprétation conforme à l'esprit général de la disposition.

M. POUILLET demande si le bureau international de Berne ne pourrait pas être chargé de vérifier si les formalités des pays d'origine ont toujours été remplies, et de délivrer à cet égard les certificats qui pourraient être exigés. S'il n'y a pas de formalités dans le pays d'origine, on ne pourrait produire de certificat; le bureau de Berne pourrait le constater et délivrer ainsi, dans tous les cas, les certificats qui seraient exigés.

M. DARRAS se demande si l'on ne pourrait pas, pour éviter les inconvénients qui ont été signalés, dire que le certificat dont il est question n'est pas une formalité qui doit être accomplie à peine de déchéance, mais que c'est un simple moyen de preuve.

Sur la proposition de M. Lermina, la discussion est close.

La proposition de M. Souchon est renvoyée à une commission spéciale qui fera son rapport à la séance prochaine.

L'ordre du jour appelle la discussion de l'article 12. Le texte suivant est proposé : *Toute œuvre contrefaite est saisissable dans le pays où la contrefaçon a été commise, alors même que ladite œuvre contrefaite serait destinée à un pays où la propriété artistique et littéraire n'est pas protégée.*

M. POUILLET fait remarquer que cette question ne semble présenter aucun caractère d'actualité; que le doute n'est pas permis; que la question a été souvent agitée devant les tribunaux français et toujours a été résolue dans le sens affirmatif. La contrefaçon est toujours un fait illicite punissable en lui-même et l'on ne doit pas se préoccuper de l'usage qui peut en être fait.

M. DARRAS insiste dans le même sens. Il voudrait ajouter que les contrefaçons sont punissables et saisissables afin d'arriver ainsi à une affirmation plus énergique.

M. POUILLET fait remarquer que cette question a été soulevée par le bureau international à qui plusieurs demandes en ce sens ont été adressées. Le doute n'est point permis sur la solution applicable, mais c'est une sanction de plus qu'on demande à la Conférence.

M. DE STOUTZ n'est pas partisan de la proposition parce qu'il pourrait en résulter un doute sur le point de savoir si, dans tous les États de l'Union, la protection légale n'est pas complètement établie. Or ce doute n'est point permis. C'est la base même de l'Union internationale; et, si la proposition est maintenue, M. de Stoutz voudrait la modifier dans le sens le plus énergique.

M. MOREL fait remarquer que la protection légale est établie dans tous les pays, mais pas partout dans la même mesure ni pour la même durée. Ainsi, dans certains pays, la photographie est protégée et dans d'autres elle ne l'est pas. Dans certains pays, la protection cesse après un certain délai, dans d'autres elle persiste. C'est ce qui justifie la proposition telle qu'elle a été présentée.

M. LERMINA propose de remplacer le mot « saisissable » par « punissable » et la proposition ainsi modifiée est adoptée.

L'ordre du jour appelle la discussion du numéro 13 de l'ordre du jour : *Rétroactivité. Examen de son application en Angleterre.*

M. GRUS signale, au nom du syndicat des éditeurs de musique français, que l'application de la Convention faite en Angleterre n'est pas conforme à l'esprit qui inspirait la Convention, et il propose d'émettre le vœu qu'une application plus exacte et plus équitable soit faite en Angleterre.

Il n'est pas admissible qu'aussi longtemps que l'œuvre est protégée dans le pays d'origine, elle puisse tomber dans le domaine public dans les divers pays de l'Union, et c'est ce qui a été consacré en Angleterre au grand détriment des éditeurs français.

M. POUILLET est d'avis que l'application faite en Angleterre est erronée ; que toute œuvre non tombée dans le domaine public dans le pays d'origine ne peut être placée dans le domaine public dans un autre pays de l'Union. Cela tombe sous le sens.

M. GRUS lit le texte de la loi anglaise qui est ainsi conçue :

Application de l'acte à des œuvres existantes. Lorsqu'une ordonnance en conseil est rendue en vertu des actes sur la propriété littéraire et artistique internationale relativement à un pays étranger, l'auteur et l'éditeur de toute œuvre littéraire ou artistique publiée pour la première fois avant la date à laquelle cette ordonnance est mise en exécution, aura les mêmes droits et recours que si lesdits actes, l'acte présent et ladite ordonnance, étaient applicables audit pays étranger à la date de ladite publication. Toutefois, lorsqu'une personne a, antérieurement à la publication d'une ordonnance rendue en conseil, fait paraître un ouvrage quelconque dans le Royaume-Uni, la présente section ne peut, en aucun cas, altérer les droits ou intérêts résultant pour cette personne de ladite publication, droits ou intérêts existants et valables à cette date, ni y préjudicier.

M. POUILLET estime que cela veut dire que les exemplaires existants au moment de la Convention de Berne pourront être écoulés moyennant certaines garanties à prendre.

M. Souchon s'associe pleinement, avec son collègue M. Grenet-Dancourt, à la proposition formulée par l'honorable éditeur, M. Grus. Les auteurs français, notamment, souffrent, en Angleterre surtout, de la non-application du principe de rétroactivité prévu par l'article 14. Le dommage qui leur est causé est immense, et malheureusement il est impossible, quant à présent, d'en prévoir les limites. Nous nous trouvons dans cette situation de tout donner et de ne rien recevoir. L'Angleterre a agi avec une prudence qui ne laisse pas de déconcerter, car on ne peut admettre un seul instant que l'un des pays contractants ait, en adhérant à la Convention de Berne, conservé l'arrière-pensée de se soustraire à ses effets. Pour sa part, l'orateur croit que si les éditeurs français, au lieu de se plaindre sans agir, avaient pris, depuis longtemps, le parti de recourir aux tribunaux anglais (la dépense, si considérable qu'elle fût, étant supportée par leur syndicat), ils auraient obtenu une limitation que le bon sens et la logique imposent aux droits et intérêts *subsistants*, invoqués par les détenteurs accidentels de propriétés artistiques et littéraires, sous le couvert de la section 6 de la loi anglaise de 1886.

L'Angleterre nous soumet à mille formalités imprévues quand nous faisons appel à ses tribunaux. Pour eux, le plus souvent, l'article 2 de la Convention semble ne pas exister, et les certificats les plus invraisemblables sont parfois demandés; mais il y a du bon sens chez le juge anglais, de ce robuste bon sens qui permet la sereine appréciation des effets matériels d'une cause, et si l'on disait à ce juge que l'on revendique, par exemple, pour une partition qui n'a pas été déposée et dont l'impression, en Angleterre, a coûté quelques sommes à son éditeur de rencontre, si l'on faisait ressortir aux yeux de ce juge les raisons pour lesquelles un parasite ne peut prendre indéfiniment la place de l'auteur, il est certain que ce juge n'hésiterait pas à admettre que les droits et les intérêts invoqués contre le droit du véritable propriétaire de l'œuvre doivent avoir une fin; il ferait certainement le décompte des sacrifices supportés par le propriétaire accidentel, et il saurait lui prouver, qu'étant rentré dans ses débours, ayant même réalisé en sus certains bénéfices, ses intérêts et ses droits ne sauraient subsister et qu'ils doivent faire place aux véritables droits du créateur de l'œuvre.

Seulement, ce qui est possible à une coopération est impossible à un auteur isolé. Si le juge a du bon sens en Angleterre, ses sentences, en revanche, coûtent fort cher, et les frais inouïs qu'entraîne la procédure anglaise sont un obstacle à jamais insurmontable pour la plupart des auteurs individuellement.

Pourquoi l'Angleterre n'imiterait-elle pas le sage exemple donné par l'Allemagne et la Belgique en accordant aux détenteurs, plus ou moins réguliers, d'œuvres artistiques et littéraires, un délai au cours duquel ils auraient à faire estampiller tous les objets reproduits et tous les objets servant à la reproduction? Sinon, il est impossible d'admettre que l'on puisse renouveler indéfiniment un matériel, vendre sans cesse de nouveaux tirages sans qu'aucun moyen de contrôle puisse être revendiqué par le véritable proprié-

taire de l'œuvre, le seul que la Convention de Berne ait en vue de
protéger et le seul qui, par une singulière ironie du sort, se trouve
être dépouillé! Les droits et les intérêts prévus par la loi anglaise
de 1886 doivent avoir une limite. Il doit être possible de définir
exactement le sens de ces mots : *Droits et intérêts subsistants* Il
serait très facile à l'Angleterre de faire, à l'égard des détenteurs
divers atteints par l'article 14, ce qu'ont si bien fait l'Allemagne et
la Belgique en leur assignant un délai pour faire estampiller leurs
exemplaires. Ce serait fournir ainsi aux propriétaires véritables le
seul moyen de contrôle pratique et aussi le seul moyen d'assigner
un terme aux dommages considérables qu'ils ont subis jusque-là.
Le congrès de la propriété artistique à Paris a formulé un vœu qui
ne veut pas assez dire ce que pensent et désirent les auteurs. Il
faut avoir la franchise de faire connaître ici ce dont ils souffrent,
mettre le doigt sur la plaie afin qu'elle soit connue de ceux dont ils
attendent tout soulagement, et c'est pour cela que l'orateur
demande à la Conférence de prendre en considération le vœu suivant combiné, en ses dispositions, avec le vœu précédemment émis
par l'honorable M. Grus :

« *Il est désirable que l'article 14 de la Convention de Berne*
« *reçoive, etc., etc.* »

M. Morel fait remarquer que de nombreuses réclamations ont
été faites au Bureau de Berne au sujet de l'application faite en Angleterre de l'article 14 de la Convention. On constate que la législation anglaise détermine qu'il ne peut être porté atteinte aux
intérêts tels qu'ils existaient antérieurement à la Convention. A cet
égard, une interprétation a été demandée à un jurisconsulte anglais
qui a interprété l'article et dont l'opinion a été communiquée à la
Conférence. Le jurisconsulte anglais affirme que les pierres qui
ont servi à l'impression des œuvres avant la Convention peuvent
encore être employées aujourd'hui; mais que s'il fallait les renouveler, ou y faire une réfection véritable, cela excéderait la disposition de la loi anglaise.

M. Darras, sans se prononcer sur le fond de la question, croit
que l'atteinte portée aux intérêts français ne sera pas de longue
durée.

M. Souchon est d'avis qu'il faut faire connaître les doléances si
justifiées et si légitimes des intérêts français. On objecte qu'il faudrait déférer la solution de la question à la justice anglaise, mais
on oublie que l'accès de certaines juridictions anglaises est extrêmement onéreux et qu'il n'est pas à la portée de tous ceux dont
les intérêts sont compromis.

M. Batz demande s'il ne serait pas possible d'inviter les différents gouvernements qui ont pris l'engagement de modifier leu
législation à faire connaître leur opinion sur l'application du
principe de la rétroactivité, afin d'arriver à une uniformité d'application dans tous les pays de l'Union.

M. Morel fait connaître que l'on a demandé au bureau inter
national d'insister auprès du gouvernement anglais au sujet d
l'application de l'article 14. Mais cela n'est pas le rôle du burea'

de Berne. La question soulevée est très délicate et comporte une très grande réserve.

M. POUILLET regrette qu'on n'ait pas saisi la Cour souveraine en engageant un procès en Angleterre de manière à le poursuivre jusqu'en dernier ressort. Ce sont les tribunaux, en effet, qui auraient dû décider définitivement la question.

M. CATTREUX fait remarquer que l'on s'est écarté, en appliquant la Convention de Berne, de la jurisprudence qui a toujours été suivie pour l'application des traités internationaux. Lors de la conclusion des premiers traités, on a ménagé une période transitoire pendant laquelle les contractants des deux pays étaient autorisés à écouler les exemplaires publiés antérieurement à la Convention. On prescrivait la rédaction d'un inventaire, l'application d'une estampille, etc. C'est ce qui s'est fait pour la Convention franco-belge en 1854, c'est ce qui se fait pour l'application de la Convention entre la Belgique et l'Allemagne de 1884, et ce qui s'est fait en Belgique pour l'application de la Convention de Berne elle-même.

M. CATTREUX lit le texte de l'arrêté royal du 15 novembre 1887, qui règle l'application de l'article 14 (1).

Il pense que la Convention aurait dû être appliquée de la même manière dans tous les pays, afin de sauvegarder dans la même mesure les divers intérêts de tous les ressortissants.

---

(1) **Union internationale pour la protection des œuvres littéraires et artistiques**

LÉOPOLD II, roi des Belges,
A tous présents et à venir, SALUT.

Vu la loi du 30 septembre 1887, portant approbation de la Convention concernant la création d'une Union internationale pour la protection des œuvres littéraires et artistiques conclue à Berne le 9 septembre 1886, entre la Belgique, l'Allemagne, l'Espagne, la France, la Grande-Bretagne, Haïti, l'Italie, la Suisse et la Tunisie ;

Vu l'article 14 de ladite Convention et le n° 4 du protocole de clôture y annexé ;

Sur la proposition de nos ministres des affaires étrangères et de l'agriculture, de l'industrie et des travaux publics,

Nous avons arrêté et arrêtons :

Article premier. — MM. les libraires-éditeurs, imprimeurs ou détaillants quelconques, faisant le commerce d'objets protégés par l'*Union internationale* du 9 septembre 1886, sont invités à dresser l'inventaire de tous les ouvrages publiés ou en cours de publication, avant le 5 décembre 1887, d'après des ouvrages édités dans un des États de l'Union, et dont la reproduction ne serait plus permise aux termes de l'article 14 de la Convention précitée.

Art. 2. — L'exposition et la vente de ces exemplaires sera rendue licite par l'apposition d'un timbre spécial qui sera faite par les soins du département de l'agriculture et de l'industrie.

Les ouvrages en cours de publication ne pourront être achevés et mis en vente que si les parties parues avant le 5 décembre 1887 ont été revêtues du timbre dont il s'agit.

Art. 3. — Les possesseurs de clichés, bois et planches gravés de toute sorte, ainsi que de pierres lithographiées ou d'autres appareils d'impression d'ouvrages originairement publiés dans l'un des États de l'Union et consti-

Après un échange d'observations entre MM. Darras, Frey-Godet et Grus, M. Souchon demande que l'application qui a été faite en Allemagne et en Belgique soit recommandée pour l'application qui doit être faite par l'Angleterre.

M. le Président propose de réserver la rédaction du vœu pour établir une formule qui résoudrait la question dans le sens de la discussion qui vient d'avoir lieu.

SIXIÈME SÉANCE

Mardi 8 octobre

Présidence de M. Numa Droz

La séance est ouverte à 4 heures.

Sont présents : MM. Armand d'Artois, Carl W. Batz, Bulloz, Louis Cattreux, J. Cuttat, A. Darras, Davrigny, C. Ecuyer, B. Frey-Godet, Grenet-Dancourt, Léon Grus, Emile Jonas, Jules

---

tuant des reproductions désormais interdites, sont également invités à en fournir l'inventaire.

Art. 4. — Les appareils dont il est question à l'article précédent pourront être utilisés jusqu'au 5 décembre 1889, après qu'ils auront été revêtus d'une estampille spéciale.

Les exemplaires qui auront été fabriqués avant le 5 décembre 1889, au moyen d'appareils revêtus de l'estampille, devront être timbrés pour pouvoir être mis en vente.

Ce timbre ne sera appliqué que jusqu'au 1er janvier 1890.

Art. 5. — Les inventaires dont il est question aux articles 1er et 3 seront certifiés exacts par les intéressés; ils devront être envoyés au Ministère de l'agriculture, de l'industrie et des travaux publics avant le 5 janvier prochain.

Les ouvrages et appareils quelconques d'impression, portés à ces inventaires, pourront seuls être timbrés.

Art. 6. — Les inventaires devront être dressés d'après les modèles annexés au présent arrêté. Après avoir été dûment remplis par les intéressés, ils seront remis aux agents chargés de l'estampillage, qui les renverront au Ministère de l'agriculture, de l'industrie et des travaux publics, munis de leur visa et avec leurs observations, s'il y a lieu.

Art. 7. — L'application du timbre, dont il est question aux articles 3 et 4, paragraphe 1er, se fera du 5 février au 4 mars 1888.

Elle se fera gratuitement.

Art. 8. — A partir du 5 mars 1888, toute réimpression non autorisée de publications originairement mises au jour dans l'un des Etats de l'Union internationale et non tombées dans le domaine public, qui serait mise en circulation dans un but commercial quelconque, sans être revêtue du timbre, sera considérée comme une contrefaçon.

Art. 9. — Toute reproduction frauduleuse ou falsification des timbres sera passible des peines édictées par les lois.

Art. 10. — Notre ministre de l'agriculture, de l'industrie et des travaux publics est chargé de l'exécution du présent arrêté.

Donné à Bruxelles, le 15 novembre 1887.

LÉOPOLD.

Lermina, Henri Levèque, Eugène Marbeau, Frédéric Mettetal, Henri Morel, Paul Pictet, Eugène Pouillet, Alex. Reichel, E. Rœthlisberger, Victor Souchon, Fr. de Stoutz.

Les procès-verbaux des deux séances précédentes sont lus et approuvés.

M. Souchon dépose, au nom de la commission spéciale nommée dans la séance précédente, le texte de la proposition s'appliquant à l'article 9, paragraphe 3. Cette proposition est ainsi conçue :

« *L'article 2 de la Convention de Berne, n'imposant, pour la* « *garantie du droit des auteurs, que l'accomplissement des for-* « *malités prescrites par la législation du pays d'origine, il est* « *désirable que la Conférence diplomatique supprime la seconde* « *partie du paragraphe 3 de l'article 9 qui, en imposant la for-* « *malité d'une mention d'interdiction en tête des œuvres musi-* « *cales, semble en contradiction avec les dispositions du para-* « *graphe 2 de l'article 2.* »

Cette proposition est adoptée à l'unanimité.

M. Pouillet dépose ensuite, au nom de la commission spéciale, la proposition relative au certificat exigé par l'article 11, paragraphe 3 de la Convention de Berne.

Le projet de la résolution est ainsi conçu :

« *Il est à désirer que le bureau international puisse être* « *chargé de procurer aux parties intéressées le certificat dont* « *il est parlé dans le troisième paragraphe de l'article 11.* »

Cette résolution est adoptée.

M. Souchon dépose encore, au nom de la commission spéciale, le texte de la résolution suivante :

« *Il est désirable que l'article 14 de la Convention de Berne* « *reçoive dans tous les pays de l'Union une application conforme* « *à son esprit.*

« *En conséquence, il est à souhaiter que l'attention des gou-* « *vernements contractants soit appelée sur la nécessité de dé-* « *terminer, par une estampille ou par tout autre moyen, un* « *délai passé lequel les faits antérieurs à la Convention ne* « *pourront plus créer de droits aux tiers, à l'encontre du droit* « *exclusif qu'elle reconnaît aux auteurs.* »

Adopté.

L'ordre du jour appelle la discussion de la quatorzième question :

PROPRIÉTÉ ARTISTIQUE : *Du droit de reproduction; de la signature et des marques d'auteur; des droits de l'Etat acheteur.*

M. Pouillet propose la division des trois termes de la proposition. La Conférence ne peut s'écarter de ce principe fondamental, à savoir : que l'artiste qui a cédé son œuvre ne cède pas en même temps le droit de reproduction. Malheureusement, dit-il, la jurisprudence favorable aux artistes, accueillie par certains pays, n'a pas encore été admise en France malgré tous les efforts faits dans ce but, et il propose à la conférence un vœu ainsi conçu :

« *Il est à souhaiter que tous les pays de l'Union s'entendent*
« *pour reconnaître que l'aliénation d'une œuvre d'art n'en-*
« *traîne pas, par elle-même, aliénation du droit de reproduc-*
« *tion.* »

Il n'est guère possible, dit-il, d'introduire dans la Convention de
Berne la proposition elle-même, mais l'émission d'un vœu serait
extrêmement utile ; ce serait un moyen de réagir contre la jurisprudence
restrictive qui est maintenue en France, alors que la plupart
des autres nations ont admis le principe contraire en faveur des
artistes.

M. DAVRIGNY remercie la Conférence au nom des artistes français.
La proposition qu'il s'agit de voter réalise un vœu qui a été
souvent exprimé en France et qui a été récemment justifié par le
congrès artistique à Paris, où les artistes français étaient en grand
nombre représentés. La proposition qui est faite donnera enfin une
satisfaction désirée depuis longtemps.

M. LE PRÉSIDENT dit que la France seule est en dehors du con-
cert européen sur cette question ; il serait facile d'obtenir l'entente
sur ce point entre tous les autres pays.

La proposition présentée par M. Pouillet est adoptée.

M. POUILLET fait observer que sur le deuxième point de la proposition « de la signature et de la marque d'auteur » il n'existe
pas en France de disposition de loi à cet égard. Il faut protéger
l'artiste dans son œuvre, mais il faut aussi le protéger dans son
nom, et, pour beaucoup de gens, la signature de l'artiste ajoute à la
valeur de l'œuvre. Ici encore il y a une lacune dans la législation française.

M. POUILLET propose de rédiger un vœu dans les termes suivants :

« *Il est à désirer que tous les pays de l'Union s'entendent pour*
« *punir l'usurpation du nom d'un artiste, ainsi que l'imitation*
« *frauduleuse de sa signature ou de tout autre signe distinctif*
« *adopté par lui.* »

Cette proposition, appuyée par M. Souchon, au nom de tous les
intérêts artistiques, est adoptée à l'unanimité.

L'ordre du jour appelle la discussion de la quinzième question :
De la protection de la photographie.

M. POUILLET propose la motion suivante :

« *Il est à désirer que les photographies originales, publiées*
« *dans un des pays de l'Union, soient protégées dans les autres,*
« *ou que, du moins, il se forme une Union restreinte entre les*
« *pays dont les législations protègent la photographie à un titre*
« *quelconque.* »

M. BULLOZ fait remarquer que la photographie touche par bien
des côtés à la propriété artistique proprement dite. Une grande
partie des contrefaçons faites par la photographie échappe à la
répression par suite de l'application qui est faite de la Convention
de Berne, laquelle, dans son protocole de clôture, a exclu la photo-

graphie de la protection légale. Il fait remarquer que, pour réunir des œuvres d'ensemble qui constituent de véritables œuvres d'art, comme des reproductions des musées, il faut un travail de vingt à trente ans, et que, si pareil travail n'est pas protégé, si un concurrent peu scrupuleux peut reproduire les photographies ainsi réunies au prix de grands sacrifices et d'importants efforts, il peut en résulter un véritable dommage pour l'art. En Allemagne, la protection, étendue aux photographies, a accordé un délai de cinq ans. Ce délai est trop court. Il faudrait demander que les photographies constituant des créations originales fussent protégées à l'égal des œuvres artistiques.

M. Bulloz propose d'émettre un vœu en ce sens.

M. Pouillet est partisan de la protection étendue aux œuvres photographiques à l'égal des œuvres artistiques. Les photographies de certaines œuvres publiées par des maisons importantes constituent de véritables œuvres d'art. On pourrait émettre un vœu dans ce sens, mais on pourrait aussi demander par application immédiate que la Convention de Berne s'appliquât aux photographies, tout au moins pour les pays qui accordent la protection légale à la photographie.

M. Bulloz demande si l'on ne pourrait émettre un vœu tendant à améliorer les législations les moins avancées. Car on peut faire valoir que certaines œuvres photographiques sont de véritables œuvres d'art qui doivent être protégées à ce titre. Il y a là souvent de véritables créations intellectuelles; il y a le travail de la main par la retouche ; il y a le soin, il y a l'intelligence qui font de la photographie une œuvre qui, véritablement, confine à la gravure; à ce point qu'il est souvent, pour certains procédés de photogravure, impossible de délimiter la photographie de la photogravure.

M. Pouillet propose de voter sous forme de vœu qu' « il est à « désirer que l'article 4 s'étende aux œuvres photographiques ».

M. Bulloz fait remarquer que les photographes ne revendiquent pas la qualité d'artistes, ils réclament simplement la protection artistique.

M. Morel propose de dire : « Il est désirable que les photogra- « phies originales soient protégées dans tous les pays de l' Union.»

M. Pouillet appuie cette proposition.

M. Bulloz voudrait voir rattacher la proposition à l'article 4 de la Convention de Berne.

M. le Président Numa Droz fait observer qu'il y a des pays qui ont [voté des lois sur la photographie, et, en ce cas, c'est le traitement national qui doit être appliqué. On pourrait décider que les nationaux des pays qui protègent la photographie seront traités dans les autres pays comme dans les pays d'origine. Ce qu'il faut désirer, ce sont les progrès des diverses législations. Il est facile d'émettre un vœu, mais il est difficile d'en poursuivre la réalisation dans une conférence diplomatique internationale. Ce qui pourrait être fait, c'est de chercher à obtenir que le mot « artistique » de l'article 4 s'appliquât à la photographie. On pourrait ensuite chercher à réaliser une union entre les différents pays qui ont des législations sur la photographie et l'on chercherait à obtenir des adhésions nouvelles à cette union, de manière à se rapprocher toujours le plus possible des législations les plus avancées.

M. BULLOZ déclare se rallier complètement à l'opinion de M. le président Numa Droz, car elle permettra d'appliquer à la photographie tous les bienfaits de la Convention de Berne.

M. DARRAS fait observer que l'union indiquée par M. le Président Numa Droz pourrait s'établir non seulement dans les pays qui admettent le caractère artistique d'une photographie, mais elle pourrait s'étendre dans tous les pays qui protègent la photographie à un titre quelconque.

La discussion est close.

Les deuxième et troisième propositions présentées par M. Pouillet sont mises aux voix et adoptées.

L'ordre du jour appelle la discussion de l'article 3 du Protocole.

Reproduction des œuvres musicales par les procédés mécaniques.

M. POUILLET, très désireux d'apporter sur certains points de cette question toute la réserve nécessaire, tient à déclarer, dès le commencement de la discussion, que les boîtes à musique, de même que les orgues de Barbarie, ne sont pas visés par ce point de l'ordre du jour. Il s'agit d'instruments connus sous les noms de *pianistas, organistas, etc.*, qui reproduisent mécaniquement tous les airs de musique, mais avec le concours de cartons perforés, sans lesquels l'instrument ne pourrait produire aucun son. Ces cartons ne sont pas évidemment autre chose que de véritables partitions indépendantes de l'instrument, puisqu'ils se vendent séparément, qu'on les fournit par abonnement, qu'ils sont susceptibles d'être plus ou moins longs, suivant l'importance du morceau à exécuter, et que l'on peut les faire se succéder sur l'instrument avec la plus infinie variété. Il y a donc lieu de ne pas confondre ces instruments avec les boîtes à musique et les orgues de Barbarie, auxquelles on a exclusivement songé lors de la rédaction de l'article 3 du Protocole.

La Conférence a donc pour devoir de demander que cet article soit restreint aux instruments qui ont motivé son addition au texte primitif de la Convention.

M. BATZ demande qu'il soit fait une différence entre les divers modes de reproduction et que les publications qui seraient une concurrence à la musique ordinaire soient visées spécialement.

M. POUILLET rappelle que, antérieurement à la Convention franco-suisse, les rouleaux de boîtes à musique étaient justement considérés comme de véritables partitions.

M. GRUS demande que le mot *carton* ne soit pas employé. Le carton est susceptible de remplacement par d'autres matières, suivant les inventions et applications nouvelles qui pourront survenir et qu'il est impossible à la Conférence de prévoir.

M. Frey-Godet propose le texte suivant :

    « *Ne rentrent pas dans les dispositions de l'article 3 du Pro-*
« *tocole les appareils pouvant jouer un nombre illimité de mor-*
« *ceaux par l'introduction de cartons, tôles perforées ou de tout*
« *autre élément ne faisant pas partie intégrante de l'instru-*
« *ment.* »

M. Souchon conseille de s'en tenir, dans le vœu à émettre, à l'indication des instruments ou systèmes qui pourront être visés par la réserve proposée.

M. le Président Numa Droz fait remarquer que, si l'on a exclu de la Convention de 1866 les boîtes à musique et les orgues de Barbarie, c'est parce que ces instruments n'exécutent qu'un nombre limité d'airs, d'une durée restreinte. Les nouveaux instruments, au contraire, permettent d'exécuter n'importe quel ouvrage, quelle qu'en soit l'étendue. Il est donc bon de préciser.

M. Henri Morel signale un procès qui vient d'être jugé à Leipzig contre des fabricants d'instruments du genre de ceux qui font l'objet de cette discussion.

M. le Président Numa Droz pense qu'il s'agit d'interpréter l'article 3 ainsi que l'a fait avec beaucoup de prudence la Cour suprême de Leipzig, de telle manière que cet article ne soit pas étendu inconsidérément à tous les instruments reproduisant des airs de musique. Les conférences diplomatiques tiennent, en généralisant les termes des Conventions, à laisser aux tribunaux le soin de distinguer entre les espèces qui peuvent se produire.

M. Pouillet insiste pour que la Conférence précise bien ses *desiderata*, tout en ayant soin de prévoir les inventions nouvelles qui pourraient venir à se produire. Le procès de Leipzig est un précédent excellent.

M. Darras fait observer que la Cour de Leipzig a jugé une affaire entre deux Allemands et que, par conséquent, la question internationale n'a pas été abordée.

M. Pouillet estime que le juge de Leipzig a, à bon droit, considéré que les cartons ne font pas partie de la constitution mécanique de l'instrument, et que c'est bien cette interprétation qu'il faut retenir.

M. Batz dit qu'en Allemagne on se préoccupe moins de la manière de fabriquer que de savoir s'il s'agit d'une concurrence à réprimer.

M. Jonas trouve qu'il y aurait danger à formuler un vœu ainsi que cela est proposé et qu'il faudrait plutôt supprimer l'article 3 du Protocole.

M. Pouillet répond que cette suppression est impossible. Il rappelle la Convention franco-suisse qui a jeté dans le domaine public les morceaux de musique servant pour les boîtes à musique ou les orgues de Barbarie. Il faut donc donner à l'article 3 un sens restrictif.

M. Davrigny propose le texte suivant :

« *Il est entendu que la fabrication et la vente des instruments*
« *servant à reproduire mécaniquement des airs de musique*
« *empruntés au domaine privé sont considérés comme consti-*
« *tuant le fait de contrefaçon musicale; toutefois, il est fait*
« *exception pour les boîtes à musique et orgues de Barbarie faits*
« *sur les modèles ayant existé avant la conclusion de la Conven-*
« *tion.* »

M. Pouillet propose le texte suivant, qui est adopté :

« *Il est à désirer que l'article 3 du Protocole de clôture soit*
« *restreint aux boîtes à musique et aux orgues de Barbarie et*
« *ne soit pas étendu indistinctement à tous les instruments ser-*
« *vant à reproduire mécaniquement les airs de musique.* »

L'ordre du jour appelle la discussion du n° 17 de l'ordre du jour, ainsi conçu :

*Du maintien dans le droit commun des délits en matière litté-
raire et artistique.*

M. Cattreux expose que le but de sa proposition a été d'attirer l'attention sur le danger qui peut résulter de certaines législations intérieures qui, plaçant le droit d'auteur dans la catégorie des lois spéciales, les subordonnent à des règles de procédure spéciales dérogatoires au droit commun. Ainsi la loi belge, malgré son caractère libéral, proclame dans son article 26 que les poursuites ne pourront avoir lieu que « sur la plainte de la personne lésée ». Il en est résulté que le parquet a refusé de poursuivre des délits signalés ; il a déclaré qu'il ne pouvait plus instruire d'office ; que l'action publique était dépossédée; qu'il fallait appliquer au droit d'auteur les règles spéciales de la poursuite sur plainte, qu'il fallait donc l'intervention personnelle et directe de la personne lésée ou bien une procuration spéciale visant le fait d'une façon précise dans chaque cas. C'est l'assimilation à la procédure suivie dans le cas d'adultère, et c'est aussi l'application de la procédure suivie en matière de brevets d'invention.

Cette dérogation au droit commun supprime la poursuite d'office et rend illusoire l'intervention des intéressés qui ne sont pas prévenus de l'atteinte portée à leurs droits, qui ne peuvent, par conséquent, pas l'empêcher, et, lorsqu'ils sont au loin, les délits de contrefaçon peuvent être impunément perpétrés avant que l'intervention de la personne lésée ait pu se produire dans les formes légales.

C'est encore là un des dangers qui peuvent se produire lorsque les droits des étrangers sont subordonnés ou assimilés aux droits des nationaux. Ici, les nationaux peuvent appliquer sans difficulté le principe de la plainte de la personne lésée, puisqu'ils sont sur place; mais ce même principe, appliqué aux étrangers qui sont au loin, c'est la négation du droit, surtout en matière de représentations dramatiques ou d'exécutions musicales.

Il y a là, dans la pratique, une lacune qui aurait pu être atténuée, corrigée par les conventions particulières de pays à pays.

Avec la tendance des tribunaux à restreindre l'application des lois aux étrangers, l'assimilation pure et simple aux nationaux peut n'être qu'une chausse-trape ou un trompe-l'œil.

M. POUILLET ne partage pas l'opinion de M. Cattreux. Il pense que le traitement des nationaux doit être la base des Conventions, et que si, dans la pratique, des inconvénients sont constatés, on pourra chercher les moyens d'y porter remède.

M. CATTREUX déclare qu'il a voulu appeler l'attention sur des difficultés dont il a pu apprécier le danger. Si les délits de contrefaçon littéraire et artistique ne sont pas maintenus dans le droit commun, l'inaction des parquets dans cette matière et la mauvaise volonté de certains tribunaux rendent illusoire pour les étrangers l'assimilation au traitement national. M. Cattreux déclare qu'il n'insiste pas davantage sur sa proposition, étant donné l'état des travaux de la Conférence ; il se réserve de reprendre la question ultérieurement.

La discussion est close.

M. LE PRÉSIDENT NUMA DROZ constate que la Conférence est arrivée au terme de ses travaux. Il en fait le résumé dans l'éloquent discours suivant :

Après avoir reçu les vœux de la Conférence actuelle, il doit en être fait part, en premier lieu, au gouvernement français, chargé de préparer les travaux de la prochaine Conférence.

Le Conseil fédéral examinera les vœux émis et les transmettra à l'appréciation de tous les gouvernements de l'Union.

Il peut y avoir intérêt à ne pas communiquer dans leur forme actuelle les décisions de la Conférence, car un premier travail d'élaboration devra être fait par le gouvernement français, d'accord avec le bureau du Conseil fédéral.

Il faut donc laisser au Conseil fédéral le soin d'apprécier comment il doit procéder.

Les décisions prises par la Conférence peuvent être divisées en trois catégories :

La première, d'une réalisation très facile, porte sur tout ce qui se rattache à l'interprétation de la Convention, et, parmi ces questions, se place celle qui se rapporte à l'article 2, savoir : la dispense de formalités autres que celles du pays d'origine.

On pourrait rappeler les États qui s'écarteraient de cette règle à l'observation stricte de la Convention.

Il en est de même en ce qui concerne l'interprétation du mot « éditeur » à l'article 3.

Il ne faudrait pas, pour aboutir sur ce point, toucher à la Convention elle-même ; il suffira de dire que telle a été l'interprétation des auteurs de la Convention, surtout si une jurisprudence vient à s'établir à cet égard dans d'autres pays.

Les États se sont engagés, les uns vis-à-vis des autres, à accorder une protection même aux œuvres tombées dans le domaine public de certains pays, à la condition qu'elles soient protégées encore dans le pays d'origine.

Il y a là une obligation morale des gouvernements les uns vis-à-vis des autres.

On a reconnu, lorsqu'il s'est agi de fixer certaines règles, que la question de principe elle-même présentait des difficultés inhérentes aux différentes législations et que, quant à la mise en pratique, on se heurtait à des difficultés insurmontables.

Mais, sur ce point, les vœux formulés aux articles 9 et 14 sont un rappel de l'obligation contractée par les différents pays.

Il ne faut pas faire ici l'énumération de toutes les questions visant l'interprétation loyale, l'application stricte de la Convention. Il vaut mieux procéder par catégories.

La deuxième catégorie comprend les lacunes qui ont pu être constatées par la pratique dans l'application, et qu'il faudra combler d'un commun accord.

Ce sont des points qui n'ont pu être prévus, sur lesquels il n'y aura guère de divergence de vues, et auxquels il pourra être satisfait dans une prochaine Conférence.

Il faut faire rentrer dans cette catégorie le certificat exigé par l'article 11 *in fine*. On pourra, par un article additionnel ou par un protocole, régler ce point.

Chaque modification ou adjonction à la Convention demandera beaucoup de temps pour être admise, beaucoup plus que les rectifications d'interprétation faites à la Convention même.

Nous en avons fait l'expérience avec les diverses Conventions internationales dont le siège est à Berne. C'est pour cela qu'il faut encore faire entrer dans la deuxième catégorie la reproduction de la signature ou de tout autre signe adopté par l'artiste sur son tableau ou sur sa statue. Ici il y a une lacune. C'est une erreur réelle; ces faits rentrent dans le droit commun. Ce sont des vols, des faux.

Si on veut prendre une analogie dans l'*Union industrielle*, il sera facile d'aboutir. On pourrait le faire par un article additionnel assimilant le faux en cette matière au faux en matière ordinaire, à moins qu'il n'y ait, dans les lois spéciales des différents pays, des dispositions particulières dont il faudrait tenir compte.

Peut-être même la question de la caution *judicatum solvi* pourrait-elle entrer dans cette deuxième catégorie et être résolue comme les questions précédentes.

Enfin la troisième catégorie porte sur les modifications directes que l'on voudrait voir introduire dans le texte de la Convention.

Ceci devient extrêmement difficile.

Il ne faut pas perdre de vue que, si nous proposions la revision de la Convention elle-même et que les modifications ne fussent, en quelque sorte, indiquées d'un commun accord, certains pays pourraient se retirer de l'Union.

Nous avons eu un cas analogue à propos de la Conférence sur le *Phylloxera*. Il a fallu trois années d'efforts pour réunir à nouveau la Conférence, et alors certains pays n'étaient plus d'accord sur des points déterminés. Il a fallu finir par déclarer que la première Convention n'existait plus; on a refait une nouvelle Convention qui heureusement a été assez rapidement conclue, et à laquelle tous les Etats de la première Union ont adhéré.

Cela prouve combien il faut être prudent dans ce domaine pour ne pas compromettre ce que l'on a eu tant de peine à faire admettre d'abord.

Les premières vues ont été un peu idéales. Plus tard, des groupements d'intérêts se sont formés parce que la Convention n'a pas réalisé le désir ou la prévision, soit dans un sens, soit dans un autre.

Il en est qui disent que la Convention n'est pas suffisante, d'autres sont d'un avis diamétralement opposé.

Il s'établit des courants dans ces deux sens et l'on risque, en voulant trop, de porter atteinte à l'Union telle qu'elle existe.

C'est pour cela qu'il convient de recourir à la voie diplomatique; dans d'autres circonstances analogues, nous avons pu faire résoudre à l'avance certaines questions sur lesquelles on cherche à obtenir l'assentiment général.

Telles sont les considérations dont il faut s'inspirer lorsque l'on examine les questions qui se placent dans cette troisième catégorie. Nous trouvons d'abord ici le droit de traduction. — C'est ce point sur lequel nous avons en le plus à combattre. — C'est le point délicat aujourd'hui encore et c'est celui qui a empêché l'accession de pays importants.

L'Autriche, la Suède, la Norvège, les Pays-Bas, certaines républiques, les Etats-Unis reculent encore aujourd'hui sur cette question. Peut-être même faudrait-il redouter de voir se produire en Angleterre un courant pour faire sortir cet Etat de l'Union.

D'autres points sont moins importants, mais peuvent donner lieu aux mêmes difficultés.

Il faut que les points soient bien arrêtés par votre rapport général; et encore faudrait-il les faire appuyer par vos groupes d'intéressés dans les pays respectifs pour chercher à les faire prévaloir par les divers gouvernements.

On ne saurait ici procéder avec assez de sagesse et de prudence.

Nous avons toujours la ressource des unions restreintes et dans la conférence qui se réunira à Paris il est possible, probable même, que l'on puisse jeter les bases d'une union restreinte sur l'un ou l'autre point que vous avez à cœur de faire triompher.

Après cette première étape, d'autres pays suivront, et, en voyant ce développement de la littérature et des arts, les intérêts commerciaux et industriels entreront également dans le mouvement.

Quand certains pays auront reconnu que l'application du principe n'aura pas fait de tort à la littérature nationale, qu'au contraire elle n'aura fait que la développer ; quand certains pays qui se livrent au commerce de la contrefaçon auront constaté que ces habitudes doivent disparaître, nous verrons tous les pays reconnaître qu'il importe de placer les intérêts artistiques et littéraires sur un pied d'égalité et de parfaite harmonie avec la plupart des pays civilisés.

Je me suis permis de vous présenter ces considérations parce que j'ai la conviction que votre Comité exécutif pourra en tenir compte dans l'élaboration de son travail. (*Longs applaudissements.*)

M. POUILLET accepte au nom de l'assemblée les conseils empreints de cette sagesse dont M. Numa Droz a fait preuve dans la réunion actuelle que dans les conférences de 1883 et 1884.

Les délégués réunis en 1889 ont été moins ardents que leurs prédécesseurs, parce que, s'inspirant des conseils de l'éminent Président, ils ont compris qu'il fallait marcher avec une sage et prudente lenteur dans la voie des revendications en matière littéraire et artistique. Là où les nations n'arriveraient pas à un accord, on pourrait, suivant le conseil de M. Numa Droz, réaliser une union spéciale, restreinte aux pays les plus avancés. Ce serait le cas d'une union entre la France, la Belgique, l'Espagne et la Suisse au point de vue du droit de traduction.

La Conférence résumera ses travaux en une lettre adressée au Conseil fédéral, et il pourra s'en inspirer pour les communications essentielles à faire aux pays de l'Union.

M. POUILLET, se faisant l'interprète de l'assemblée, remercie M. Numa Droz du concours si précieux qu'il lui a prêté en dirigeant ses travaux, et en lui donnant ainsi une nouvelle preuve de cet esprit éclairé et cultivé, qu'il a su communiquer dans la direction des débats qui viennent de se terminer.

M. Numa Droz, Président, rend hommage au discernement dont les orateurs ont fait preuve dans les débats et aux sentiments élevés qui ont inspiré les délibérations de la Conférence.

Il déclare que ce n'était pas sans une certaine appréhension qu'il avait vu se réunir la Conférence, parce qu'il redoutait l'ardeur ou l'impatience dans certaines revendications. Il constate que les orateurs ont été à la fois prudents et audacieux dans le bon sens du mot. Sans sacrifier les principes, ils ont su admettre des tempéraments ou des atténuations pour rester ainsi sur le terrain des solutions possibles.

Il ne doute donc pas que le Conseil fédéral n'accueille avec la même faveur que précédemment les délibérations dont il se félicite pour la Conférence, et il exprime le vœu que, d'ici à peu d'années, il puisse avec la Conférence constater le succès obtenu par la réalisation des vœux aujourd'hui exprimés.

C'est à la Conférence de 1889 qu'il entend en faire remonter l'honneur et le mérite. (*Applaudissements.*)

La séance est levée à six heures.

SEPTIÈME SÉANCE

Mercredi 9 octobre 1889

Présidence de M. Jules Lermina

La séance est ouverte à neuf heures du matin.

Sont présents : MM. Armand d'Artois, Carl W. Batz, Bulloz, Louis Cattreux, J. Cuttat, A. Darras, Davrigny, C. Ecuyer, B. Frey-Godet, Grenet-Dancourt, Léon Grus, Emile Jonas, Henri Levêque, Eugène Marbeau, Frédéric Mettetal, Henri Morel, Paul Pictet, Eugène Pouillet, Alex. Reichel, E. Röthlisberger, Victor Souchon, Fr. de Stoutz.

M. Pouillet donne lecture de la lettre suivante à adresser au Conseil fédéral, en lui remettant le texte des délibérations de la Conférence :

« *A Messieurs les membres du Conseil fédéral,*

« Monsieur le Président,

« La Conférence internationale qui, grâce à l'hospitalité de la Suisse, « vient de se réunir à Berne pour étudier et rechercher les améliora- « tions dont est susceptible la Convention d'Union de 1886, a voté, dans « ses séances des 7 et 8 octobre, une série de vœux qu'elle recommande « à votre bienveillante attention. Un certain nombre de ces vœux ne

« touchent qu'à des questions d'interprétation et ne modifient en rien la
« Convention. D'autres ont trait à des lacunes qui nous semblent évi-
« dentes, et qu'il suffit de signaler, croyons-nous, pour qu'il paraisse
« nécessaire de les combler. Quelques-uns, plus hardis, demandent de
« véritables changements dans la Convention et peuvent par cela même
« sembler téméraires. Mais nous pensons qu'il pourrait, dans tous les
« cas, être donné satisfaction, au moins dans une certaine mesure, à la
« plupart de ces vœux, par la constitution d'Unions restreintes. Notre
« travail d'ailleurs n'a rien de définitif ; il n'est que l'expression de
« nos vœux ; c'est une sorte d'avant-projet que nous prions le Con-
« seil fédéral d'examiner et d'étudier. Nous souhaitons qu'il y trouve
« les éléments d'un travail qui sera son œuvre personnelle, et qu'il
« pourra, avec autorité, soumettre aux gouvernements des autres pays
« de l'Union, en vue de la Conférence diplomatique qui doit, dans un
« temps prochain, se réunir à Paris. Nous avons la confiance que, cette
« fois encore, comme en 1883, nos efforts n'auront pas été inutiles, et
« que nous aurons contribué, avec l'appui de la Suisse, à faire faire un
« nouveau pas en avant à la législation internationale concernant le
« droit des auteurs.
« En déposant nos vœux sur le bureau du Conseil fédéral, nous te-
« nons à lui exprimer nos remerciements et nos sentiments de profonde
« reconnaissance. »

A l'unanimité, l'assemblée approuve les termes de cette lettre.

M. Jules Lermina prononce ensuite la clôture des travaux de la
Conférence de 1889.

ANNEXES

Asociacion de escritores y artistas, Madrid

—

Siguiendo precedentes, por todo extremo honrosos, la Junta Directiva ha tenido a bien, en 17 del mes actual, nombrar a V. E. Delegado de esta Asociacion en la segunda conferencia que se ha de verificar en Berna el dia cinco del proximo Octubre.

Lo que tengo el honor de poneren conocimiento de V. E., suplicandole, al propio tiempo, se digue acusarme recibo del presente y manifestarme la aceptacion del referido cargo.

Dios garde a V. E. muchos años.

Madrid 18 de septiembre de 1889.

El Presidente,

G. Nunes de Arce,

Excmo Sr. Conde de la Almina,
Enviado extraordinario y Ministre Plenipotenciario
de España en Suiza.

Société des compositeurs et auteurs lyriques belges

—

Bruxelles, 23 septembre 1889

A Monsieur Numa Droz,
Président de la deuxième Conférence internationale
de Berne pour la protection des œuvres artistiques
et littéraires, à Berne.

Monsieur le Président,

Nous avons l'honneur de vous faire connaitre que notre Société a délégué son secrétaire, M. Louis Cattreux, pour la représenter au sein de la deuxième conférence internationale pour la protection des œuvres artistiques et littéraires, qui se réunira à Berne le 5 octobre prochain.

Veuillez agréer, Monsieur le Président, l'assurance de notre haute considération.

Le Président,

F. A. Gevaert.

Journalisten-und Schriftsteller-Verein « Concordia »

—

Monsieur le Président,

Nous avons reçu la circulaire dont vous avez honoré notre Société et dans laquelle vous avez bien voulu nous inviter à prendre part aux travaux de la Conférence que l'Association littéraire et artistique internationale a convoqué, pour le 5 octobre, à Berne. Des difficultés, dans le sein de notre Société, provoquées par la mort subite de notre président et par l'absence prolongée de plusieurs membres du comité de surveillance, nous ont empêché, à notre très grand regret, de répondre à votre appel. Nous ne sommes même pas encore en état de dire s'il nous sera possible de nommer à temps des délégués pour la conférence.

Mais vous savez bien, Monsieur le Président, que la « Concordia » accompagnera toujours avec la plus grande sympathie les efforts généreux de l'Association, dans l'intérêt des littérateurs et des artistes de tous les pays du monde. Nous souhaitons donc chaudement que vos délibérations à Berne mûrissent les résultats les meilleurs, et soyez assuré que la « Concordia », même si elle n'est pas représentée à la conférence du 5 octobre, soutiendra de toute sa force les résolutions qui seront prises.

Veuillez agréer, Monsieur le Président, l'expression de nos sentiments de haute considération.

Vienne, le 27 septembre 1889.

I. WINTERNITZ,
Vice-Président.

Florence, 3 octobre 1889

Monsieur le Président,

J'ai l'honneur de vous faire parvenir mes plus vifs regrets d'être empêché de prendre part à la Conférence qui va se tenir ces jours-ci à Berne.

Cette circonstance d'être présidée par vous donne à la conférence une importance vraiment exceptionnelle et je tiens à vous faire connaître que les auteurs et les artistes d'Italie s'intéressent vivement à cette réunion internationale.

Ils souhaitent à la Convention du 9 septembre 1886 des améliorations et des perfectionnements dont ils vont bénéficier à la suite des nobles efforts d'hommes éminents, véritables apôtres de la propriété littéraire et artistique, auxquels vous avez bien voulu prêter le concours de votre haute compétence.

J'ai l'honneur de vous renouveler, Monsieur le Président, les sentiments de ma considération la plus distinguée.

F. CAROTTI.

A Son Excellence Monsieur Numa Dröz, Chef du Département des Affaires Étrangères, Président de la Conférence internationale, à Berne.

A l'Association littéraire et artistique internationale, réunie à Berne.

Monsieur le Président,
Honorés et chers confrères,

Obligé de partir pour Munich dimanche prochain pour assister à une séance du Comité de la fondation Bluntschli, où ma présence est indispensable, je suis empêché de prendre part à la Conférence de votre Association, qui s'ouvrira à Berne le 5 octobre.

Je regrette d'autant plus cette absence que l'Association littéraire et artistique internationale, dont j'ai l'avantage d'être membre, se réunit sur le sol de ma chère patrie, et parce qu'il s'agit, en premier lieu, de l'examen des changements ou des améliorations qui pourraient être faits à la Convention littéraire internationale de Berne de 1886.

Ayant eu l'honneur d'être un des représentants suisses aux Conférences diplomatiques de Berne dans les années 1884 et 1885, et connaissant à fond toutes les difficultés qui furent à surmonter pour parvenir à une entente générale, vous ne considèrerez pas, j'espère, comme une indiscrétion de ma part, que j'ose exprimer un vœu très sérieux.

Je suis tout à fait d'accord avec le but essentiel de votre Conférence, de provoquer l'entrée de nouveaux membres dans l'Union internationale. L'adhésion de l'Autriche-Hongrie, des Pays-Bas et des Etats scandinaves serait fort désirable.

Mais, d'autre part, je ne crois pas qu'il soit bon de proposer maintenant des changements dans la Convention existante, qui est le résultat de longues discussions sur les questions de principe et un compromis entre différents systèmes, dû en premier lieu au talent admirable de notre honoré président, M. N. Droz.

A mon avis, la tâche actuelle est de mettre de plus en plus en harmonie les législations des différents pays concernant les droits des auteurs sur leurs œuvres littéraires et artistiques. Attendons donc, d'abord, les résultats de ce développement, facilité par la science, et favorisé, j'espère, par les tribunaux et par les corps législatifs. Toutefois, cela exige un certain temps.

En outre, il ne faut pas marcher à trop grands pas dans la voie de la protection. Si nous montrons la Convention comme une œuvre au caractère mobile, nous risquons de porter atteinte à son maintien dans les pays de l'Union, et nous effarouchons les autres Etats dont nous désirons gagner l'adhésion.

(V. mon *Etude sur les dispositions impératives et normatives de la Convention de 1886*, publiée dans le *Droit d'auteur*, nos 1 et 2 de cette année.)

Marchons lentement vers le but visé par nous tous!

En tout cas, je vous souhaite le meilleur succès!

Agréez, Monsieur le Président et très honorés confrères, l'expression de mes sentiments distingués et dévoués.

Zurich, le 3 octobre 1889.

A. D'ORELLI, *professeur*.

---

3 octobre 1889.

A Monsieur le Président de l'Association littéraire et artistique internationale.

Monsieur le Président,

J'ai l'honneur de vous informer, en réponse à votre invitation adressée au Comité de la Société des artistes indépendants, que j'ai désigné, pour nous représenter à la Conférence, MM. Davrigny et Tessier, membres de la Société. M. Tessier, s'étant trouvé, par suite d'une circonstance indépendante de sa volonté, retenu à Paris, M. Davrigny, vice-président de la Société, part seul pour Berne, comme notre délégué.

Veuillez agréer, monsieur le Président, l'assurance de mes sentiments les plus distingués.

E. VALTON, *président*.

Genève, le 3 octobre 1889.

Monsieur le Président de l'Association littéraire
et artistique internationale,

Berne.

Monsieur,

Je viens vous informer que le Comité de notre Association a désigné comme délégués à la Conférence deux de ses membres; MM. Ch. Morel, président de l'Association et rédacteur au *Journal de Genève*, et Stephan Born, ancien président et rédacteur aux *Basler Nachrichten*.

En vous remerciant de la convocation que vous avez bien voulu nous adresser, je vous prie, Monsieur le Président, d'agréer l'assurance de ma considération très distinguée.

Le Président de l'Association de la Presse Suisse,
Ch. MOREL.

---

3 octobre 1889.

Monsieur Henri Levéque,
agent général de l'Association littéraire et artistique internationale,
Paris.

Je rentre à Paris souffrant, et ne puis entreprendre le voyage de Berne en ce moment. J'en suis vivement contrarié et vous prie de bien vouloir transmettre tous mes sentiments de sincère regret à nos collègues.

ED. CLUNET.

DEMANDE D'ADMISSION

EN QUALITÉ DE MEMBRE ASSOCIÉ

Je, soussigné, _____

demeurant à _____

profession _____

Ai l'honneur de demander à MM. les membres du Comité exécutif mon admission en qualité de membre de l'ASSOCIATION LITTÉRAIRE ET ARTISTIQUE INTERNATIONALE.

Je joins à cette demande :

1° *Une notice sur mes travaux et les titres que je fais valoir à l'appui de cette demande ;*

2° *Une somme de* VINGT-FRANCS *pour cotisation de première année.*

Je déclare avoir pris connaissance des Statuts et du Règlement de l'Association, et y donner toute mon adhésion.

SIGNATURE DU CANDIDAT :

*La demande ci-dessus est appuyée par les deux parrains soussignés, membres de l'*ASSOCIATION LITTÉRAIRE ET ARTISTIQUE INTERNATIONALE.

SIGNATURE :   SIGNATURE :

797 — Paris. Imp. J. Kugelmann, 12, rue de la Grange-Batelière.